高田晃太郎

ロバのスーコと旅をする

河出書房新社

はじめに

ロバが好きだ。

大きな耳に、愁いを帯びた目。とても食いしんぼうな生き物で、一日中、草を食べている。私がとりわけ好きなのは、ブドウを食べる姿だ。口からぽたぽた果汁をこぼしながら味わう姿はたまらなくおいしそうに見える。とげとげしい葉っぱでもバリバリと音を立てて食らう。水をぐびぐび飲む姿も見ていて飽きない。

何を考えているのか、はたまた何も考えていないのか、じっとたたずんでいる時もある。ロバは車が近づいてきても、逃げようとしない。車を見つめたまま、道路の真ん中で立ち尽くしている。クラクションを鳴らされると、ようやくのっそりと動き出すが、そうでなかったら、車が避けてやるしかない。

そんな図太くのんびりした性格ではあるが、人間のために一生懸命に働く。象には象の力があり、馬には馬の力があるように、ロバにはロバの力がある。

私が初めてロバを間近に見たのは、二〇一六年の暮れ、モロッコのトドラ渓谷だった。

その時、私は会社を辞めて海外を旅していた。その旅は結果として二年以上にわたった。だが最初に訪れた南米大陸では、移動手段にバスを使ったことで、どこか物足りなさを感じていた。車窓から景色を眺めていて、ふと、あそこに身を置いてみたいと思うことがあっても、バスだと一瞬で通り過ぎてしまう。知らない土地を見てみたくて、せっかく期限を決めない旅に出たのに、なぜ急ぐような旅をしているのか。ゆっくり進めばいいではないかと思ったのだ。

その反省から、南米の次に訪れたスペインでは移動を「徒歩」と決めた。世界遺産に登録されている「カミーノ・デ・サンティアゴ」（サンティアゴへの道）を歩いた。北スペインを横断してキリスト教の聖地サンティアゴ・デ・コンポステーラを目指す約八〇〇キロの巡礼路だ。

一カ月かけてゴールした後に湧き上がってきたのは、「どこでも、歩いたら行けてしまうんだな」という感慨だった。私はさらにポルトガルのリスボンまで歩き、自転車を買ってモロッコまで足を延ばした。そして、そこでロバに出会った。

岩山に住む遊牧民が、毎日ロバを何頭も従えて麓《ふもと》に下りてくる。川でくんだ水や洗濯物をロバの背中に載せて運ぶのだ。ロバは重たい荷を背負っているのに、険しい山道を涼しげな目で黙々と歩いていた。

そんな姿を眺めるうちに、ロバに荷物を載せて旅する方法を思いついた。ロバが私の荷物や食料を運んでくれたら、それこそどこまでも歩いていけるだろうと思った。

ロバを一頭買い、一緒に一五〇〇キロ歩いた。最初は荷物持ち程度に考えていたが、歩くにつれて愛着が深まった。まるで人間のように感情豊かな性格に引き込まれ、気が付くとロバの虜《とりこ》になっていた。

　ロバは気まぐれで、食いしんぼうで、しょっちゅう道草を食べようと立ち止まるので、なかなか前に進まない。その上、日本人の私がロバとのろのろ歩いていると、地元の人間から笑い者にもされる。「俺のトヨタと交換しないか」と冗談を言われることもある。けれども、ロバと歩く旅はバスや鉄道で駆け抜ける旅よりも、ずっとずっと面白い。

　モロッコの旅を終えた私は、日本で再び会社勤めの身になった。ところが、半年後には「ロバと旅がしたい」と上司に相談していた。上司は、中途入社で入ってきたのに半年で辞めると言い出したことはもとより、その理由にもさぞ驚いただろう。三〇歳を過ぎてロバと旅したいから会社を辞めるなんて自分でも馬鹿げているような気がしたが、仕事でお世話になった人たちは意外にも応援してくれた。

　仕事から逃げたいとか、何かを成し遂げたいとか思ったわけではない。私はただ、ロバと共にもう一度、自分の知らない土地を自由に歩き回ってみたかった。

　イラン行きの航空券を手に日本を出発したのは、二〇二二年二月二五日。目的も、目的地もない、ロバとのあてのない放浪の旅が始まった。

ロバのスーコと旅をする　もくじ

第二部　トルコ

第三部　モロッコ

第一部 ⇩ イラン

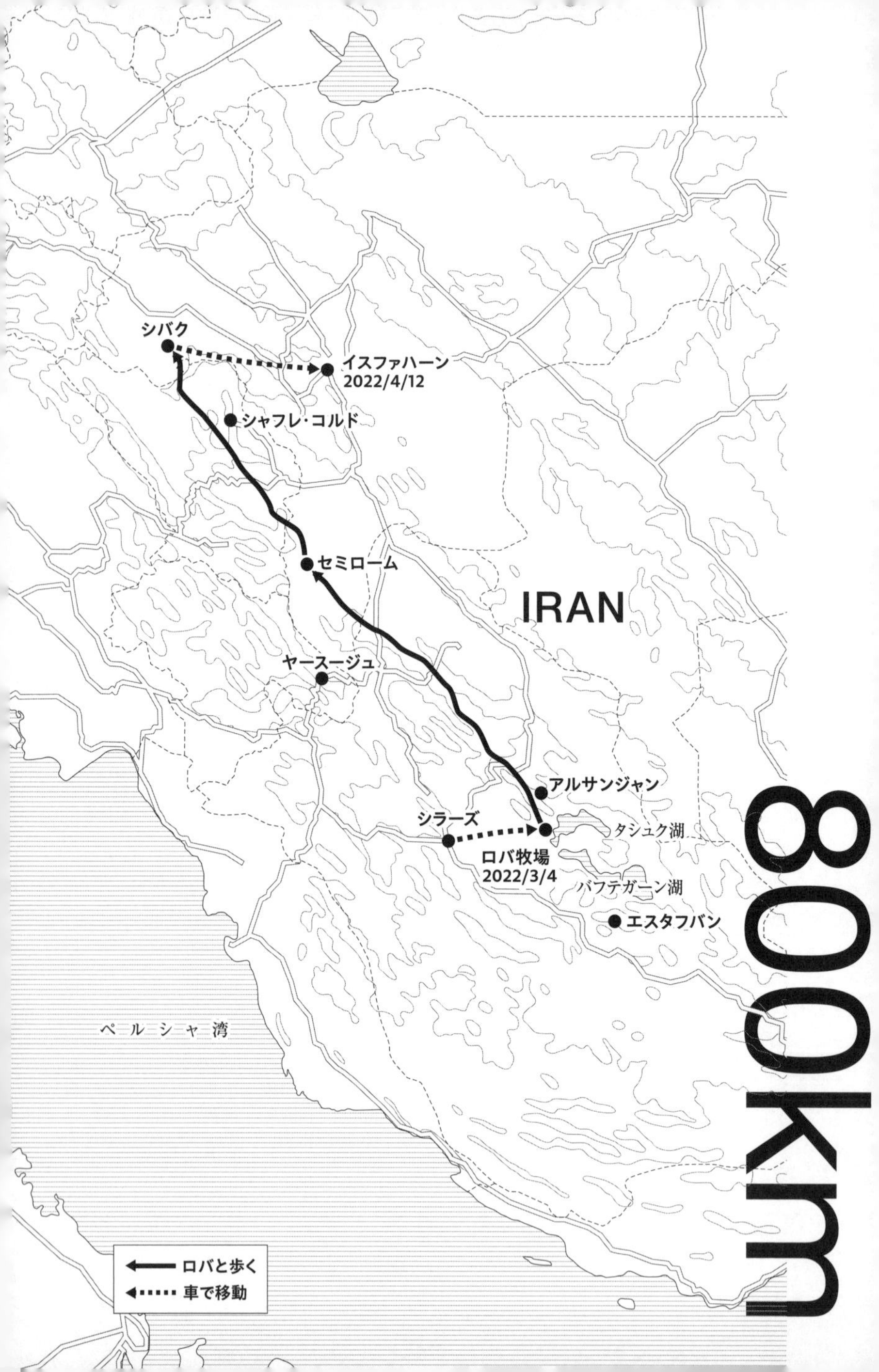

800km
シバク
イスファハーン
2022/4/12
シャフレ・コルド
セミローム
IRAN
ヤースージュ
アルサンジャン
シラーズ
ロバ牧場
2022/3/4
タシュク湖
バフテガーン湖
エスタフバン
ペ ル シ ャ 湾
ロバと歩く
車で移動

一頭目

海抜約一五〇〇メートル。イラン南西部、ファールス州の州都シラーズは、春の訪れを感じさせる穏やかな気候だった。日中は太陽が照りつけ、上着がなくても過ごせるほどだった。

京都の実家を出発した私は、成田空港からアラブ首長国連邦の都市、ドバイに向かった。機内は思った通りがらがらで、搭乗率は二割ほどに見える。未知のウイルスとして現れた新型コロナウイルスは猛威を振るい、世界中が厳しい水際対策を取っていた。そんな時期に私のように「海外旅行」に出かける日本人は相当浮いた存在だ。おかげで私の両隣は空席で、横になって寝ることができ、すこぶる快適なフライトだった。

ドバイでシラーズ行きの便に乗り換えた。飛行機の着陸が迫るころ、窓からは茶色く乾いた大地を見下ろせた。雪をいただいた山が壁のように連なる風景は、私が直前まで住んでいた北海道十勝から見る日高山脈を思い出させる。空港では新型コロナウイルスの陰性証明書の提示を求められたが、空港職員は誰もマスクを着けていなかった。

予約している宿に向かうべく地下鉄駅に入ったところで、現地通貨をまだ手に入れていないことに気付いた。さて、どうしよう。バックパックを背負ったまま改札の前で突っ立っていると、駅員の男性がにこやかな笑顔で、ゲートを開けて通してくれた（後で知ったところによると、ひと乗り六円だった）。私はこの後、行く先々でイラン人の温かいもてなしを受けることになるが、その最初が地下鉄の駅員からのものだった。

今回、旅の舞台にイランを選んだことに大きな理由はなかった。しいて言えば、中東ではロバが今も現役で働いているイメージがあったのと、インターネットで「ロバ　イラン」と英語で検索したら画像がたくさんヒットしたからだ。それに、私が知る日本人バックパッカーたちは、イランはとても印象に残る国だったと口をそろえていた。イラン人のホスピタリティはとにかくすごい、と。

シラーズに着いた三日後、私は繁華街にあるチャイハネ（喫茶店）へ足を運び、ジャバドというイラン人の男性と落ち合った。ジャバドとは日本を発つ前にカウチサーフィンという国際交流サイトを通じて知り合い、連絡を取り合っていた。彼自身は市内の石油会社に勤める三七歳のビジネスマンだが、彼の妻の父親であるサイードが、シラーズ近郊でロバ牧場を経営している。私はサイードからロバを買うつもりだった。

「あなたのプロジェクトに関わることができてうれしい」と、優しそうな目をしたジャバドが言った。イランにおいてロバは消えゆく存在なのだという。昔は乗用や運搬に活躍したが、今では車が普及し、道路もよくなった。そのためロバを飼う人はめっきり減った。そんな状況の中、サイードはロバを四年前に一〇頭買い、ミルクを販売する国内初のロバ牧場を開いた。

きっかけは干ばつだった。サイードはもともと小麦と米農家を営んでいたが、二〇年ほど前から雨がほとんど降らなくなり収入が激減した。ジャバドは、ロバは干ばつに強く、欧州ではミルクが高値で取引されていることに目をつけ、サイードに事業の鞍替《くらが》えを提案した。

ビジネスは軌道に乗った。イラン政府から国内初のライセンスも取得し、四年間でロバを一〇〇頭まで増やした。ロバのミルクは人間の母乳に近い栄養素を持っていることから、体に備わっている免疫機能を高めるとして、特にコロナ禍で注目されているらしい。

人類の歴史において、ロバの家畜化は馬よりも早く、約七〇〇〇年前にアフリカ東部で飼いならされたのが始まりとされる。しかし、頑固で融通が利かないところから、西洋と同じくイランでも「愚か者」の象徴とされてきた。ジャバドはミルクを通じてロバのイメージを変えたいのだと力を込めた。

そんな熱い思いを聞かされた私は、この人からロバを買いたいと強く思うようになった。

二日後、私はジャバドの車で、彼の幼い息子二人も連れてシラーズから七〇キロ離れた牧場に向かった。途中で合流したサイードはよく日に焼けた、実直な人柄がにじみ出た老人だった。やがて周りは草がほとんどない荒れ地になった。かつては小麦畑と水田が広がっていたというが、ひび割れた地面を見ると、ありし日の田園風景を想像するのは難しい。サイードは、何もない荒野の真っただ中で車を降りると遠くの方角を指差した。一キロほど先に、小さな黒い斑《はん》点《てん》がたくさん見えた。近づいてみると、その正体は放牧中の一〇〇頭ものロバだった。

息を呑む光景だった。モロッコにもロバは星の数ほどいるが、ロバの放牧なんて聞いたことがない。それも、いつもは重い荷物を背負い、口籠をつけられているはずのロバが、ここではまったく自由に歩き回ってわずかに生えた草を食べている。

ここのロバのほとんどはメスで、わずかにいるオスは種付け用なので売ることはできないということだった。オスが欲しかった私は、それを聞いて少しばかり落胆した。四年前にモロッコで買ったロバはオスだったので扱いに慣れていたし、体も大きく荷物をたくさん運べると思っていたからだ。ジャバドによれば、オスはこれから発情期を迎え、コントロールしにくくなるということだったが、それでも私はオスがいいのだと主張した。

サイードは私のわがままを聞き入れ、近郊の村を駆け回ってオスを探してくれた。

三日後にロバの手配ができたとの知らせを受け、ジャバドと再びロバ牧場を訪れた。サイードが見つけてくれたオスは、私が思い描いていた通りのロバだった。全体が茶色で、目と鼻の周りは白。私にとって、なぜか茶色こそが、ロバと聞いて真っ先に思い浮かべる色だった。

ロバはコンクリートの囲いの片隅で控えめにわらを食べていた。体の大きさは他のロバより一回り大きいものの、ここでは新入りだからか浮いているようにも見える。

囲いの外に出されたロバは私を不思議そうに眺めていたが、鞍と荷物を載せる時はじっとし

路肩を歩いていると、すれ違う車から時たま声がかかり、お菓子をもらったり一緒に写真を撮ったりした。

てくれていた。

鞍は、サイードがここから一〇〇キロ離れたエスタフバンという町で見つけてきてくれたものだ。今では街中でロバに荷物を運ばせる人はいないので、鞍も市場に出回っていない。だが、エスタフバンはイチジク生産が盛んで、収穫には今もロバが欠かせない。白地に赤と緑がアクセントに使われているその鞍は物価の安いイランにしては少々値が張るが、丈夫なつくりで、何より茶色のロバによく映えた。

ロバの積載量は体重の二〇パーセント程度といわれている。だいたい四〇キロまでなら運べる計算だ。ただ、私のように長旅をする場合、荷物はさらに軽くなければならない。

左右対になったバッグの片方に私のバックパック、もう片方に三日分の食料とロバの餌にする五キロ分の麦袋を入れると、大体二〇キロ弱になる。麦なんか与えなくても、その辺の雑草を食べさせるだけでいいと言う人もいるが、高いものではないし、私の荷物を運んでくれるのだから、その見返りとして麦くらいは毎日食べてもらいたいと私は考えていた。

ロバ代に一五〇ドル、鞍とバッグに一〇〇ドルを払い、二人に見送られて出発した。手綱を引くと、若干の抵抗は感じるものの、ロバはおとなしくついてきた。私はうれしくなった。日本を発つ前は、未知なるイランで本当にロバが手に入るのか、不安がなかったわけではない。だが今こうしてロバと共に歩き始めている。

気分よく歩いていると、日本でのさまざまなことが思い出されてきた。

私は北海道の大学を卒業後、道内の地方紙で記者をしていた。学生時代は国内でヒッチハイク旅行に明け暮れ、年齢も職業も異なるさまざまな人と話をすることに面白さを感じ、それを仕事にできる記者になりたいと思うようになった。

記者の仕事は面白かったし、北海道も気に入っていた。それなのに私はたった二年で会社を辞め、念願だった海外放浪に出た。帰国後、道内の別の地方紙に運よく拾ってもらったが、そこも三年もたたずに辞めてしまった。

最初の会社を辞めた時はまだ二六歳だったので、まわりは「人生の糧《かて》にしてこい」と、好意的に送り出してくれた。しかし、三二歳で二つ目の会社を辞めた時は、反応は二つに分かれた。

好きなことばかりやってうらやましいと言う人もいれば、いつまでふらふらしているんだと否定的にとらえる人も少なくなかった。「旅ばかりして、いったい何が得られるんだ」と訊かれた時には、私には答えようがなく、いつも言葉に窮《きゅう》した。

そういう時、心のよりどころにしたのは、アメリカ人作家スタインベックの『チャーリーとの旅』という本だった。六〇歳目前で、愛犬のチャーリーを連れてアメリカ一周の旅に出たスタインベックは、「結局のところ、風来坊はずうっと風来坊なのだ。おそらく不治の病だろう」と言っている。

そう、旅をしたいという気持ちは病気のようなものかもしれない。まだ見ぬ高原や砂漠の風景を心の中に思い浮かべると、何もかも放り投げて、そこへ飛んでいきたくなる。なぜ、性懲《しょうこ》りもなく旅に出るのか。その理由をなかなか言葉にできなかったが、それは病気なのだと思うことで、私の心はなぜだか軽くなった。

ただ、この病気の厄介なところは、いざ旅に出る前になると、今度は憂鬱な気持ちになってしまうことだった。好きな仕事と居心地のいい家を離れ、どうして頼れる人もなく、その日の寝床も分からないような旅に出ようとするのだろう。スタインベックも「心中ひそかに、出発したくないという気持ちが起きてくる」と告白している。

ところが、いざ待ち焦がれた景色の中に身を置いてみると、不思議なことに、その憂鬱さは吹き飛んでいた。ロバと歩く私の心は晴れやかで、のびのびとしていた。さあ、地の果てまで

と話をし、話すことがなくなっても、彼らは私から離れようとしなかった。遠い異国から来た客人にさびしい思いをさせないように、彼らが気を遣っているのだと私には感じられた。

翌日はさっそくアクシデントに見舞われた。ロバは朝、おとなしく歩いていたのに、昼過ぎになって突然、民家も何もない荒野の真ん中でふさぎ込んでしまった。

最初は腹を空かせたのだと思い、好物の麦を与えようとした。しかし、まったく口にしない。様子が変だと思いながらも、祈るような気持ちで手綱を引っ張った。少しの間歩いてくれたが、村に入ったところで再び座り込んでしまった。

泥色の平屋が数十軒あるだけの小さな村だった。まるで有名人が来たかのような大騒ぎになり、大人も子どもも私との写真をセルフィーで撮りたがった。その中の一人に頼み、バケツに水をくんできてもらってロバの前に置いた。飲まない。尻を棒で叩いてみたり、手綱を引っ張ったりしている間に、子どもたちがロバを元気づけようと代わる代わる干し草を持ってきてくれた。それでもロバは動かない。その様子を見ていた大人の男が、「このロバは病気だ」と言った。

まだ歩き始めて二日目なのに、病気だなんてとても信じられなかった。しかし、ロバがこうまで動かないのは何か原因があるはずだ。獣医に診てもらうべきだと言われたが、私は自分が今どこにいるのかさえ分かっていない。

「獣医の知り合いはいますか?」と私は訊いた。

「アルサンジャンにいる」と男は答えた。

アルサンジャンはここから三〇キロほど離れた町だそうだ。そこに一台のピックアップトラックが通りかかり、男が勝手に止めてしまった。私のロバを乗せて獣医の所まで運んでくれるらしい。

ドライバーはこの村の羊飼いで、名をユセフといった。事情を聞かされたユセフは「俺、今から帰るところなんだぜ」と苦笑いを浮かべたが、村の男たちに説き伏せられ、三人がかりでロバを荷台に押し込んだ。私がいくら払えばいいか訊くと、男たちは「金はいらない。アッラー（神）に感謝するんだな」と言って送り出してくれた。

アルサンジャンの郊外にある診療所は平屋の建物で、敷地に車が何台も止まっていた。ニワトリを片手に持った人や、子ヒツジが入ったケージを抱えた人たちが診察を待っていた。

「おお、日本人か。よく来た」

マスクからあご髭がはみ出た五十代くらいの院長が迎えてくれた。スタッフから「ドクター」と呼ばれている院長は、事前に村人から連絡を受けていたらしく、早速、ロバがうずくまっている荷台に上がって点滴を打ってくれた。ロバはつらそうに目を細めてじっとしている。

「何の病気でしょうか」

「マンデー・モーニング病だろうね」

ドクターによると、馬やロバには珍しくない病気で、慣れない運動をしたことが原因で、筋肉が硬直して動けなくなるのだという。

思い当たる節はあった。このロバは突然現れた人間から、慣れない荷物を背負わされ、むりやり歩かされた。しかも初日は風が強く、横殴りの雨に打たれた。それなのに私がぐいぐい手綱を引っ張るので、ロバは二回足をくじらせた。それでも私は尻を何度も叩きながらハッパをかけ続けた。たぶんこのロバは、私と出会うまではどこかの村でのんびり暮らしていたはずだ。環境の急激な変化に戸惑い、体調を崩すのはむりもなかった。

ドクターにそう打ち明けると、「最初はゆっくり歩かせないとだめだ」と指摘された。「それに、このロバは年をとりすぎている」

ロバの寿命は飼育下で三〇年といわれている。私のロバは八～一〇歳と聞いていたので、年をとりすぎているわけではないが、ドクターは「四、五歳が一番良い」と言った。

私はできるならアルサンジャンにとどまらず、翌日からまた歩き始めるつもりだった。急いでいるわけではないが、出発したばかりなので歩みを止めたくなかった。ドクターは「ゆっくり歩くなら」と、条件付きで旅の続行を認めてくれた。ただ、点滴は三日間続けるように言われた。診察代は「きみはゲストだから」と無料にしてくれ、私が支払ったのは薬代だけだった。

ユセフのトラックで村まで戻り、その夜はヒツジの番をしている別の羊飼いのテントで一夜を過ごした。ユセフと別れる際、ガソリン代として、私には少し高額と思われる金額を請求された。私のロバを診療所に運び、治療が終わるまでずっと待っていてくれたのだから、それは当然とも言えた。だが村の男たちは「金はいらない」と言ったのに、私と二人きりになった途端に金を請求するユセフの態度には、うすら寒い感情を抱いてしまった。

翌朝目を覚ますと、ロバは放牧されたばかりのヒツジの群れの中で、じっとたたずんでいた。薄曇りの、少し肌寒い朝だった。麦をたらいに入れて与えてみたが、口にしない。そもそもやっと立っているという感じだ。ドクターに言われた通りに点滴を打ち、手綱を引こうとしたら、横になってしまった。その様子を見ていた羊飼いは、「このロバは死ぬ」と痛々しい目で私を見た。事態は深刻だと気付き、羊飼いに電話してもらってユセフを呼んだ。再びロバをトラックに乗せ、ドクターがいる診療所に急行した。

ドクターは二種類の点滴を打ってくれた。

「ロバは回復するでしょうか」と訊くと、ドクターは「しばらく休息したら元気になるよ」と言って私を安心させてくれた。旅はいったん中断し、ロバが元気になるまでこの町にとどまることを決めた。街中のゲストハウスにはロバをつなぐ場所がなかったため、ロバはドクターの知人であるダレという男の馬牧場に預かってもらうことになった。その牧場でようやく水を口にしたロバを見て、何日かたてば回復するだろうと淡い期待を抱いた。

ところが、私のロバは思っている以上に重篤だった。ゲストハウスに戻って一息ついた夕刻、ダレから「ロバの状態がとても悪い。今晩にも死ぬかもしれない」と電話があった。
診療所のスタッフの車で駆けつけると、ロバは刈り終わった麦畑の上に突っ立っていた。私が近づくと動きだしたが、平衡感覚を失ってしまったのか足が空回りして今にも倒れそうだった。鼻からは黄色い鼻水が垂れ流れている。そんな痛々しい姿を見て、私は言葉を失ってしまった。乗馬体験でたまたま居合わせていた幼い子どもたちも言葉を発することなくただ見ている。

私が声をかけると、ロバはよろよろ近づいてきて私の腰辺りに頭をぶつけてきた。旅にむりやり連れ出した私をのろい、責めているかのようだった。

ドクターはその時、離れた村で牛の診察をしていたらしい。電話で事情を話すと急いで来てくれることになった。

三月上旬のイランは、日中は暖かいものの夜は急速に冷える。廏舎《きゆうしや》の中で、私たちは薪を燃やして暖をとった。ダレに迷惑をかけたことを詫びると、「とんでもない」とでも言うように首を振った。三〇分経ってもドクターは来なかった。ロバの様子を確認しようと、ヘッドライトを点けて真っ暗な外に出た。ロバは目を開けたまま、横たわった状態で冷たくなっていた。

ロバがもう助からないことは予感していたので、驚きはしなかった。ただ、あんなに大きな動物が三日で息絶えてしまったことが、非現実的に思えた。それもマンデー・モーニング病という、まるで冗談のような名前の病気で。本当は別の病気だったのかもしれないが、私が旅に連れ出したことが原因で急死したことに変わりはなかった。

ロバにとってこの三日間は、尻を叩かれながら行軍を強いられた辛い思い出しかないだろう。私が死神か何かに見えたはずだ。ロバに働いてもらうために尻を叩く行為はモロッコやイランでも一般的に行われている。けれども私は自分を責めずにはいられなかった。四年前にロバと旅した経験から、私はロバの扱いを熟知しているとうぬぼれていたのかもしれない。信頼している飼い主から叩かれるならまだしも、まだ飼い主として認めていない人間から尻を叩かれるのがいかに耐えがたいかなんて考えれば分かることだ。なのにロバは強い動物だから、鈍感だからと思い込んで、初日からバシバシ叩きながら歩かせ続けた。ロバは愚か者の象徴といわれるが、本当に愚かなのは私の方だった。

翌日、ドクターの診療所に顔を出した。病気で死んだヤギを解剖しているところだったドクターは「ここにいる全員が深く悲しんでいるよ」と慰めてくれた。コーヒーをご馳走してくれた後、ドクターはスズキの愛車に私を乗せてゲストハウスまで送ってくれた。

「ありがとう、ドクター」

「君はベストフレンド。この先、幸せが舞い降りることを願っているよ」

ロバを死なせてしまったものの、旅をやめる気はなかった。今度はロバのペースに合わせ、ゆっくり歩こう。そう心に誓った。

問題は金だった。核開発疑惑のあるイランでは、欧米諸国による経済制裁によって、海外のクレジットカードが使えない。日本から持ち込んできたドル紙幣が、私がイランで使える金のすべてだった。私はたくさんの現金を持ち歩くのがいやだったので、余分なドルはほとんど持ってこなかった。ロバが途中で死ぬことは想定外だったため、新しいロバを買うとなると、当面の間は節約しなくてはならない。

そんな私の懐事情を知った診療所のスタッフたちは、私が新しいロバを買うための資金をカンパしようと持ちかけてくれた。驚くような親切な申し出だが、そこまでしてもらうのは申し訳ない。これからの生活を切り詰めてでも、自分の金で買うべきだと思った。

ジャバドに相談すると、彼も心からロバの死を残念がり、別のロバを私にあてがってくれることになった。ロバが死んだのは私が扱いを間違ったことが原因なので、彼に非はない。それなのにジャバドとサイードは車でわざわざアルサンジャンまで迎えに来てくれた。

その日はサイードの家に泊まり、翌朝、牧場で新しいロバを紹介してくれた。五歳くらいのメスだった。死んだロバと同じ茶色だ。顔全体に白い毛が生えているが、顔は若々しい。おとなしく、気品を感じさせるロバだった。サイードも「良いロバだろう」と自信ありげだ。麦を与えると、あっという間に平らげ、周りに餌が落ちていないか嗅ぎまわっている。

サイードのいとこが私たちをトラックに乗せて、旅を中断した場所まで運んでくれることになった。別れ際にジャバドから「うちのロバは怠惰だから、ゆっくりと歩いてね」と念を押された。ロバ代のことは「君はすでに（死んだロバに対して）支払っているから」と言ってくれた。

カンパを申し出てくれた診療所のスタッフといい、ジャバドといい、応援してくれていることがひしひしと感じられた。私はせめてもの思いで五〇ドル札をジャバドに手渡した。

アフガン人と間違われ

何もない茶色の世界に、ひび割れたアスファルトの道が延びている。その脇には春の野花が顔を出し始めており、ロバは器用にかみちぎっていく。

新しい相棒はやはり食いしんぼうなロバだった。

手綱を引くとおとなしく歩くが、私が写真を撮るため立ち止まると、すかさず道をそれて脇に生えている草を食べ始める。歩くことよりも食べることを優先する姿は、時に腹立たしくもあるが、ロバは私の意向などお構いなしだ。

「道草を食いながら、ゆっくり行こうじゃないか」。そう言われている気がした。

最初のロバを死なせてしまった反省から、私のロバに対する態度は変化した。せっかく外の世界に出たのだから、普段は目にしないようなみずみずしい草を思う存分食べ、旅を楽しんでほしい。ただ、ロバの意思を尊重しすぎるとまったく前に進まないので、時には尻を軽く叩くこともあった。するとロバは我に返ったようにはっと顔を上げ、しばらく黙々と歩く。だが時を見計らって立ち止まり、草に口をのばす。その繰り返しだった。

そんなマイペースなロバではあるが、初日にいきなり逃げられそうになった。

その時、私は野花が生い茂った空き地に腰を下ろして休んでいた。ロバは最初、私のそばで草を食べていたのに、気が付くと二〇メートルほど離れていた。私はロバを連れ戻そうと歩み寄った。するとロバはゆっくり向こうへ歩いていく。私が早足になるとロバも早足になった。私が止まると、ロバも止まって草を食べる。まるで《ダルマさんが転んだ》だ。ロバは草を食べながらも、その目は注意深く私の動きを観察している。そうやって何百メートルか地味な追いかけっこを続けたが、たまたま向こうから人がやって来て挟み撃ちで捕まえることができた。


イラン人は親切だった。ロバと歩いていたらたびたび声をかけられ、食べ物やお菓子を差し入れてくれる。あの羊飼いのユセフともすれ違うことがあり、その時はトラックに積んでいたヒツジ用の飼料をたくさん分けてくれた。

「この村に一晩過ごせる場所はありますか」

この一言が持つ効力は絶大で、夜は必ず土地の人間が家に招待してくれ、食事と寝床を提供してくれた。これはありがたいことだった。一見治安がよく見えても、野宿にはやはりリスクが伴う。日本からテントと寝袋を持ってきてはいたが、使う機会は全然なかった。

彼らは日本のドラマである「おしん」の名前をよく口にした。この国ではおしんが大変人気で、特にイラン・イラク戦争下では、最高視聴率が九割を超えていたといわれている。一方、イランを「悪の枢軸」と名指しするアメリカへの敵対心は強く、「ヒロシマ、ナガサキは残念だった」と同情されることは日常茶飯事で、「日本はアメリカとよく戦った」と言われた時には、そういう見方をするのかと、こちらが驚かされた。

行く先々で歓待される一方、旅を始めたばかりのころからこっぴどい仕打ちにも遭った。シラーズ近郊の世界遺産「ペルセポリス」に近い村では、空き地でサッカーをしていた一〇人くらいの子どもが、私たちに気が付くと、面白がって石を投げてきた。我慢して村を抜けると、今度はバイクで追いかけてくる。この地域では一〇歳くらいの子どもでも、平気でバイクを乗り回していることが少なくない。

やっとの思いでバイクの追跡からも逃れると、今度は車でやって来て、石を手にした五、六人の子どもが中からわっと飛び出してきた。ハンドルを握っているのはもちろん小学生だ。この時はさすがに恐怖を感じたが、通りがかりの青年が子どもたちを追い払ってくれた。

その翌日には近道しようと畑を横切って歩いていたところを、バイクに乗った若い二人組につかまった。一人がロバの手綱を奪い、私のバックパックに目をやり「何が入っているんだ？」と訊いてくる。にやつく男の顔からは、目ぼしいものがあれば奪ってやろうという魂胆が丸見えだ。幸いだったのは、そこから車通りがある道路までそう離れていないことだった。道路に向かって手を振りながら大声で叫ぶと、二人は諦めて去っていった。

そんなことがありながらも、私は毎日イラン人から食事と寝床を与えられた。そして毎回のように「イランをどう思う？」と質問された。私は「イラン人はとても親切で、いつも助けてくれる」と答えながらも、内心では戸惑いも感じていた。イラン人のホスピタリティはたしかに素晴らしい。しかしその一方で、毎日のように嫌がらせも受けている。そのギャップは何なのだろうとしばらく思っていたが、ある時私は気が付いた。イラン人から嫌がらせを受ける原因の一つに、私がアフガニスタン人に間違われていることがあるのだと。

それまでも村の商店に入ると、居合わせた人たちが「アフガン（アフガニスタン）」とつぶやくのをよく耳にした。イランは長年紛争が続くアフガンから一〇〇万人近くの難民を受け入れていて、イラン人にとって最も身近な外国人だ。そんなアフガンの少数民族の一つハザラ人の顔立ちは、日本人によく似ている。私が通るような村々では東洋人と身近に接したことがない人も多く、ロバ連れの私を見てアフガン人だと思い込むのはむりもないことだった。

国内では増え続けるアフガン難民による犯罪が発生し、大きな社会問題になっていた。そのためアフガン人を敵視する空気が蔓延《まんえん》していた。だからアフガン人だと思われることは、この国では間違いなくマイナスだった。

こんなことがあった。人が行き交う活気のある町で、小さな金物屋を営んでいた男が高圧的に「どこの国の人間だ？」と訊いてきた。私の手から杖《つえ》を奪い、「ウズベキスタンか？　アフガニスタンか？」とまくし立てる。こんな失礼な人間に日本人だと答えたところで、良いことがあるはずがない。そう思って無視すると、その男は車で私のあとをつけてきて、「どこの国なんだよ」としつこく訊いてきた。

私は「ノー！」と周りにも聞こえるよう大声で叫んだ。すると男は腹を立てたのか、車から降りてきて私の尻を思いきり蹴った。そして「アフガン人め」と吐き捨てたのだった。周りの人たちは誰も助けようとしてくれなかった。

すべてがアフガン人と思われたことに起因するとは言い切れない。しかし、私には彼らがアフガン人としての私を憎んでいるとしか思えなかった。

一方で、私が出会ったアフガン人は親切だった。

無人の荒野をさまよい歩いていた時、日暮れが迫り、寝る場所を探していたら、一軒のみすぼらしい平屋が目に入った。せめて家のそばにテントを張らせてもらおうとドアをノックすると、出てきたのは四〇歳くらいのアフガン人の男だった。最寄りの道路から五キロ以上離れ、電気はあるが水道はない。インターネットもつながらない石ころだらけの不毛の土地で、彼は農業で生計を立てていた。

モネールという名のこの男は、私を家に招き入れ、灯油ストーブで温めた鶏肉のトマトソース煮を振舞ってくれた。だがモネールはナンしか口にしていない。私が「あなたも食べてください」と差し出しても笑って手を振るだけだ。裕福とはいえない、いや極貧にあるといってもいいモネールは、彼が出せる最高のごちそうを私に食べさせたかったらしい。翌朝、私はいくらかの金を払おうとしたが、モネールは決して受け取ろうとしなかった。

その後、ことあるごとにモネールのことを考えた。彼はなぜあんな場所にひとりで住んでいたのだろう。まず、アフガン人にとって、町で真っ当な仕事を見つけるにはハードルが高いことがあるだろう。それに、町にはアフガン人が安心して過ごせる居場所がない。だからあんな辺鄙《へんぴ》な場所を選んだのではないかと思えてならなかった。

イラン人は私が日本人だと分かると例外なく親切だった。けれども、そんなホスピタリティあふれるイラン人がアフガン人にとる態度はいったいどんな感情から湧いてくるのか、私にはよく分からなかった。「分かっているのは、分からないということだけ」。私は昔読んだある本の一節を毎日のように反芻《はんすう》しながら歩き続けた。分かっているのは、分からないということだけだ、と。

神があなたを見つけた

ペルシャ暦を採用しているイランでは、三月二一日ごろ（春分の日）に新年を迎える。正月は「ノウルーズ」と呼ばれ、二週間は会社も学校も休みになるので、日本と同じように実家に帰省する家族が多い。

新年をイラン南西部の山間に位置する町、セミロームで迎えた私は、アパートのワンフロアを一二ドルという破格の値段で借りて過ごした。正月くらいは宿をとってロバともどもゆっくり過ごそうと考えたのだ。それまでは毎日、イラン人の家に泊まっていたが、せっかくの正月に、彼らも見ず知らずの外国人を家に招きたくないだろうとも思った。

　新年を迎えたばかりの街では、ほとんどの店が閉まっていたが、ナン屋だけは開いていた。

キツネ色に焼きあがったナンが山のように積まれ、香ばしい匂いを漂わせている。

ナンは大きいものでは一メートル近くもあるのに、一枚一〇円ほど。ほのかに甘みがあっておいしく腹持ちもいいので、私は毎日のように食べていた。その日に入った店では、店主が何枚もただでくれ、私はさっそく新年最初の幸運が舞い降りたと喜んだ。

　セミロームから先はなだらかな丘と寒々しい荒野が広がっていた。新年ということでニンジンをたらふく食べたロバの足取りは軽い。

ただ、その道は村と村が思っていた以上に離れており、日が暮れるころになってもその夜過ごす場所が見つからなかった。きょうは野宿だと覚悟を決め、テントを張れそうな場所を探しながら歩いた。だが周囲は起伏がなく、木も生えていない石ころだらけの土地だ。道路から隠れられる安全な場所はなさそうだった。

　そこへ後ろから車が一台やって来た。このような周りに何もない場所で車がやって来ると、襲われはしないかといつも緊張する。私に構わず通り過ぎてくれと心の中で願ったものの、その車はスピードを緩め、通りざまに声をかけてきた。

「どこへ行くんだ？」

運転席から彫りの深い顔立ちの男性が訊ねてきた。私より少しだけ年上に見える。どこへ行くかと訊かれても、野宿できる場所を探している私には答えようがなかった。

「この先は何もないぞ」

私はうなずくほかない。

「俺の家、来るか？」

これまでもイラン人からたびたび家に招待されてきた。ありがたい申し出だったが、この先、しばらく村なんてなさそうなので、私は念のため訊いてみた。

「何キロ先ですか？」

「一〇キロくらいかな……」

もう日が暮れかかっている中で、絶望的な距離だ。

「私は大丈夫です。先を行ってください」

男性は「本当に大丈夫なのか」と何度も確認してくれたが、私の意思が固いことを知ると諦めて行ってくれた。

闇が深くなるにつれて、辺りは静寂と冷気に包まれた。ロバの蹄《ひづめ》がアスファルトにあたるカツ、カツという音だけがやけに大きく響く。こういう田舎道を夜歩くのが危険なことは分かっている。だが案外悪くない時間だった。この広大な大地に、いま存在しているのは私たちだけではないかという思いが、心配よりもかえって安らぎを感じさせた。

ロバは歩きながら何を考えているのだろう。たぶん食べることしか考えていないのだろうが、そんなロバも、草が闇の中に隠れてしまった今は力強く歩いている。

今度は前方から車がやって来た。「頼むから、止まるな……」。暗い中、こんな何もない場所で襲われたらひとたまりもない。しかし、車は止まってしまった。

「あなた、何してるの？」

助手席から英語で話しかけてきたのは、マスクを着けた若い女性だった。運転席には、一時間ほど前に私に声をかけてきた男性が座っている。

「私はただのツーリストです。ロバと一緒に旅していて……」

「何でロバと一緒なの？」

「ロバが好きだから」

そのハリジャという女性によると、いとこである運転手の男性が、私がペルシャ語をほとんど話せないため、英語が達者な自分を連れてきたということだった。

「今夜はうちに泊まって。夜はすごく寒いわ」とハリジャは言った。

彼らはいったん家に帰ったが、すぐまた戻ってきて、魔法瓶から熱々のチャイ（紅茶）をグラスに注ぎ、角砂糖を出してくれた。イラン人は口の中に角砂糖を含んでからチャイを飲む。冷えてきた空気の中で飲むチャイはおいしかった。ハリジャが運転を代わり、私のことが心配でたまらないといういとこのザルガンマが私と一緒に暗闇の中を歩いてくれた。ザルガンマが後ろから急かしてくれるので、私のロバはいつもより早足で歩き、一時間ほどで前方にオレンジ色の光がぽつぽつと現れ始めた。地図にも載っていない小さな村だった。

　平屋の家に到着すると、十数人の人間が私を出迎えてくれた。イラン各地に散らばる親戚が正月に合わせて集まっているらしい。ハリジャも首都テヘランで薬学を学ぶ大学院生だった。彼らはトルコ語を母語にするカシュガイ族の人たちだった。

　一緒に床に車座になって豆と煮込んだライスやサラダ、ピクルスといったご馳走を食べた。彼らはハリジャを通訳に、私がイラン人をどう思うか、イランに満足しているかといった質問をして、一つ一つの回答をニコニコしながら聞いてくれた。私のマメだらけの足を心配し、女性陣はヘンナと呼ばれる植物の粉で煎じた薬を塗ってくれた。食後の団欒《だんらん》の際、八〇歳くらいのこの家の主《あるじ》モハンマディが孫息子の手にキスをすると、孫は顔をほころばせ何度もキスをねだった。幸せそうな家族だった。突然やって来たロバ連れの外国人を、この家族は彼らの流儀で気持ちよくもてなしてくれた。

　後で聞いたことだが、最初に声をかけてくれたザルガンマは、私のことをアフガンから来た難民だと思ったらしい。彼は私のことをただ助けたいという一心で、家に招くことを決めたという。彼は無神論者だったが、そばで聞いていた敬虔深いハリジャは「彼は天にいるアッラーのおかげであなたを見つけたのよ」と言ってほほえんだ。

〔上〕サイードのロバ牧場。人懐こいロバもいれば、近づくと逃げていくロバもいる。夜は囲いの中で過ごし、日中に放牧に出される。〔左下〕一頭目のロバとサイード。〔右下〕ノウルーズ（正月）に泊めてくれたカシュガイ族の家族。翌朝は家族総出で外に出て、私の姿が見えなくなるまで手を振り続けてくれた。

追《お》い剝《は》ぎ

歩き始めて二週間がたつと、道端に緑が増えてきた。それまでは草といっても茶色く枯れていたのが、みずみずしい色になっている。アーモンドの木がピンク色の花を見事に咲かせ、街中の八百屋ではスイカやメロンといった果物も並び始めた。

左手には、まだ雪をかぶった三〇〇〇メートル級のザグロス山脈が、逆光に照らされて白く輝いている。このころになると、私はロバを引くだけでなく、手綱を持たずにロバの後ろを歩くことが多くなった。ロバを自由にさせた方がこちらも楽に歩ける。雨がほとんど降らない土地で生まれ育ったこのロバは、良い草を見つけるたびに立ち止まるが、「いっぱい食べて栄養をつけてくれ」と思えるくらいに私にも心の余裕ができていた。

ロバは柔らかい砂の上に立つと、ゆっくりその場に座り込み、思いきり地面に転がって砂に体をこすり始める。かゆいところを掻《か》いているともストレスを解消しているともいわれているが、うっとりした表情を見るといかにも気持ちよさそうだ。ただ、バッグをつけた状態でも構わず砂浴びを始めるので、バッグが泥だらけになってしまい、中の食料がつぶれることもしばしばだった。

行く先々で会う人たちからは「ロバに乗りなよ」とよく声をかけられた。だが、私はそんな気にならなかった。ロバに余計な負担をかけたくないという思いもあるが、それ以上に、歩いた方が気分がいいのだ。ロバの背中から見る景色よりも、目の前にロバがいる方が、私にはずっと面白い。ロバが草に口をのばす姿を眺めているだけで、のんびりとした気持ちになった。

私たちは相変わらず、車がほとんど通らない山道を歩いていた。国道なら車が多いので安心感はあるが、イラン人は車をびゅんびゅん飛ばしていく。それにイランは産油国のわりにはガソリンの質がわるいのか、排気ガスがとても臭い。そういったストレスを抱えながら歩きたくないので、私たちが歩くのはもっぱら田舎道だった。しかし、それが追い剝ぎに目をつけられる一因になってしまった。

後ろからかすかに聞こえていたエンジンの音が徐々に大きくなってきた。するとロバはいつものように自分から脇に寄り、車をやり過ごそうとした。しかし、黒い車が私たちを追い越したところで止まり、中から三人の若い男が出てきた。

「何が入っているんだ？」

その中のリーダー格の男が、ニヤニヤ笑いながらロバのバッグを指差した。いきなり荷物の中身を訊ねてくる人間に、ろくなやつはいない。

「アッサラーム・アライクム（あなたに平安が訪れますように）」

私はそう短く挨拶しただけで先を行こうとした。しかし、男にロバの手綱を握られ、先を行かせてもらえない。別の男は、ロバのバッグからたらいを勝手に取り出して叩き始めた。

そこに別の車が通りかかった。助手席から髭を生やした恰幅のいい男が降りてきて、先の男たちと言葉を交わしている。何を話しているのかさっぱり分からないが、親しげに見える。髭の男は私に「行こう」と促し、私はこの人が何者なのか分からぬまま一緒に歩き始めた。三人の男は追ってこない。

後になって分かるが、この男は三人組とは面識はなく、この先の村の住人だった。見知らぬ男たちに絡まれている私を心配し、一緒に歩こうと申し出てくれたのだ。その上、彼は上着の胸ポケットから紙幣を何枚か取り出し、私にくれようとした。そんな優しさのある男だったが、村はたった一キロ先にあり、すぐに別れることになった。私は先ほどの三人組のことをさして気にすることもなく、その先を歩き始めた。

ところが、一〇分もたたないうちに、さっきの黒い車がまた近づいてきた。リーダーの男が降りてくると、今度は私が肩にかけているショルダーバッグの中身を訊ねた。やはり私の荷物を狙っているのだ。そうは思うのだが、ここから村までは距離があり、助けを求めたところで誰にも声は届かない。次に車が通りかかったら、助けを求めよう。そんなことを考えながら、私は「ケターブ（本）しか入っていない」と答えた。

男はニヤニヤしながら間合いを詰めてくると、私は突然タオルで目隠しされ、首を絞められた。

「切れ！」

男が叫ぶと、もう一人がショルダーバッグのひもをナイフで切ろうとした。二人がかりではどうしようもない。バッグの中にはカメラや現金のほか、うかつなことにパスポートを入れていた。彼らがナイフで私を傷つけてこないことを意外に思いながら、少しでも時間を稼ごうとうずくまった。だが、それから一〇秒もたたないうちにバッグは私の手からすり抜けていった。

車は急発進し、瞬く間に私の視界から消えていった。私のロバは、まるで何事もなかったかのように道端の草に夢中になっている。しばし唖然《あぜん》としていたが、前方から乗用車がやって来ると、私は我に返って道路の真ん中に立ち、必死に手を振り回して車を止めた。家族連れで、後部座席には三人の子どもが座っていた。

私は五十代くらいの主人に、日本から持参してきたペルシャ語単語帳の「泥棒」の項を指差し、首を絞められるポーズを見せ、「追いかけて！」とジェスチャーで頼み込んだ。せめてパスポートだけでも取り返さねばならない。

主人は状況をすぐに理解してくれた。私を乗せて車をUターンし、犯人たちの車を追いかけ始めた。その時まで気が付かなかったが、私が襲われた現場のすぐ近くでは、村の男たちがクルミの苗を植える作業をしており、そのうちの一人が私のロバを預かってくれることになった。

ハンドルを握る主人は、車をかっ飛ばしながら携帯電話で警察に通報している。少し走ったところでT字路に差し掛かった。これでは犯人たちがどちらに行ったのか分からない。車内に諦めムードが漂い、主人と私は何か手がかりでもないかと車を降りた。改めてT字路に目をやると、右側の二〇〇メートルほど先に黒い車がこちらを向いて止まっていた。

「あの車かもしれない」

私が言うと、主人は「いや、犯人はもう遠くに行ってるさ」と残念そうに首を振る。ところが、その車は急発進して私たちの前を横切っていった。

「あの車だ！」

叫ぶと同時に、私たちは慌てて車に戻り、再び追走劇が始まった。犯人たちはまさか私が車で追いかけてくるとは思わず、あそこでバッグの中身を確認していたのだろう。助手席の奥さんは、後部座席の後ろのラゲッジルームから棍棒《こんぼう》を取り出した。まさか犯人たちと戦うつもりなのだろうか。私は内心、心強く思った。

平和な田園地帯で、犯人の車は二〇〇メートル先を走っている。捕まえられるかもしれない。そんな期待の気持ちが湧き上がったのもつかの間、私たちの車は急停止した。奥さんが娘を抱えて外に飛び出した。「こんな時におしっこか？」と信じられない気持ちになったが、奥さんは私の奪われたバッグを手にすぐ戻ってきた。追いかけられて焦った犯人が、時間稼ぎのためにバッグを外に放り投げたらしい。中身を確認すると、パスポートも含めて無くなっているものはほとんどなかった。無造作に突っ込んでいた札束もそのまま残っていた。

クルミの苗を植えていた男の元に戻ると、私のロバは荷物を下ろしてもらって斜面の草を食べていた。少したつと警察官が駆け付けてきて、事情聴取の後、「これからどこへ行きたい？」と訊いてきた。私は地図を確認し、三〇キロほど離れたディメという村の名前を挙げた。まだ襲われたことに動揺していたので、人が住んでいる場所に行きたかった。警察は私の意を酌んでくれ、クルミ植えの男がロバをトラックに乗せて運んでくれることになった。

「ありがとう。あなたたちの助けがなければ、私は旅を諦めねばなりませんでした」

　私は犯人を追いかけてくれた家族に心から感謝した。すぐさま追走してくれた主人。棍棒を手に犯人と戦おうとしてくれた奥さん。イランでは、普通の主婦が赤の他人のために悪漢と戦おうとしてくれる。私の胸に熱いものがこみ上げ、イランを旅した日本人バックパッカーたちが、イラン人のホスピタリティはすごいとよく口にしていたわけが改めて分かった気がした。

「この地域のことを嫌いにならないでおくれ」と主人は私に言った。「犯人はこの土地の人間じゃない。ここはふだんはとても平和なんだ」

　その日は警察の計らいで、ディメ村で顔のよく知られた男性の邸宅に泊まれることになった。奥さんは私の好物を訊き、リクエスト通りに茄子のトマト煮込みを夕食に出してくれた。夜は主人がペルシャ語で「母なる川」を意味するザーヤンデ川の美しい水源に連れていってくれた。真っ暗でよく見えなかったが、その心遣いが私にはうれしかった。

暗雲

翌日は予定していたルートを変更し、しばらくザーヤンデ川に沿って歩いた。本当はザグロス山脈の奥深くへと入っていくつもりだったが、そうなると何十キロにもわたって無人地帯を歩くことになるので、襲われた直後とあってはそこへ飛び込む勇気がなかった。

大量の雪解け水を抱え込んだザーヤンデ川は、母なる川の名に恥じぬ大河だった。流域には肥沃な土地が広がり、人々は畑を耕したり、牛を放牧させたりしている。ピクニックに来ている家族連れもよく目にした。そうした何気ない風景は私の心によく染み入ってきた。

その日は三四キロ歩き、小さな村に入ったところで一晩泊めさせてくれる家を探した。最初に声をかけた家では、主人らが離れの小屋に案内してくれた。しばらくして、客人をそんな場所で過ごさせるのは忍びないと思ったらしい。結局、家に招かれ、ストーブが燃える暖かい部屋で過ごせることになった。

主人が村中の人間に電話して私のことを知らせたので、部屋は男たちで埋め尽くされた。追い剝ぎにひもを切られたショルダーバッグを見せると、主人は針と糸を持ってきてたちまち修理してくれた。私が感謝の印にカメラを取り出すと、「おれ、今は髪が乱れてるだろ」というようなことを言って慌ててシャワーを浴びてきた。そして身支度をきちんと整えてから、息子

ザグロス山脈の雪山をバックにヒツジが放牧されている。カランコロン……と、首につけられた鈴の音が、高原の清涼な空気に響く。

と写真に収まってくれたのだった。

この家族の優しさに救われる思いだった。しかし、追い剝ぎに襲われてから、私はこれまで以上に臆病になってしまった。車が一台やって来るだけでも極度に緊張してしまう。そうでなくても、私のことをアフガン人だと思い込んだイラン人は毎日いろんな形で声をかけてくる。厚意にあふれた人もいるが、「厄介なアフガン人！」などと暴言を吐かれることも少なくなかった。

ある日、田舎道を歩いていると、車とのすれ違いざまに、運転手の男がペルシャ語で話しかけてきた。意味が分からず英語で訊き返すと、男は声を大きくしてまくし立ててくる。しばらくすると満足したのかそのまま立ち去っていった。

その瞬間、どっと疲れが押し寄せてきて、「もうだめだ」と緊張の糸がぷつりと切れてしまった。これ以上は歩けない。

次の村で、「シバク村まで私とロバを車で運んでほしい。ドライバーを紹介してくれませんか」と村人の男に求めた。二〇キロ先のシバク村にはホテルがあると聞いていた。誰にも注目されることなく、何日か宿で休みたいと切実に思った。その男は「どうして日本人がこんな所にいるんだ」と不思議がっていたが、とにもかくにも、その男がドライバーを紹介してくれ、一五〇万リアル（六ドル）でシバク村まで乗せてくれることになった。

シバク村は特に見どころのなさそうな村だった。しかし、当てにしていたホテルは思っていた以上に洗練されていた。軽井沢にありそうな白壁の瀟洒《しょうしゃ》な建物だ。客層も中流階級以上の人たちで、母親の里帰りで泊まっていた大学生の女性と久しぶりに英語で会話を楽しんだ。

ところが、夜、突然の来客によって平和なムードに暗雲が漂い始めた。

夜九時、ホテルが用意してくれたチキンケバブを食べ終えたころ、誰かが部屋をノックした。四〇歳くらいの精悍《せいかん》な顔をした警察官と、ホテルのオーナーがドアの前に立っていた。このホテルでは、外国人が宿泊すると警察に連絡する仕組みになっているらしい。ビザの確認から始まり、なぜロバと歩いているのか、これからどこに行くのかなどの質問を受けた。

だが同じことは、この日の朝に別の警察官からも質問されていた。ロバと歩いているところを車に乗った私服警察官に止められ、一時間にわたって取り調べを受けたのだ。カメラの中身もチェックされたが、何も問題ないということで、その時は解放されたのだった。
「私はすでに取り調べを受けています。引き継いでいないのですか？」
警察官は無視して質問を続ける。時おり和やかな雰囲気にもなったが、最後には私のパスポートが取り上げられ、「明日、迎えに来るので警察署に同行するように」と言い渡された。

いったい、どういうことなのか。オーナーは「何も心配することはない。パスポートを確認するだけだ」と言う。私自身もその時はそこまで深刻に考えていなかった。

一方、イランという国に対しては不気味さを感じていた。この国では、欧米人がスパイ容疑などで逮捕され、長期間拘束される事件がたびたび起きている。約二年前にはトルクメニスタンとの国境近くでドローンを飛ばし、写真を撮影したフランス人男性がイラン当局に逮捕され、今も拘束されている。イランは、欧米諸国による経済制裁解除のための交渉材料として欧米人を人質にとっているといわれているが、私にはそのフランス人はただの旅行者としか思えなかった。

イラン人の多くは日本のことを好意的に思ってくれている。だが欧米と歩調を合わせる日本はイランへの経済制裁にも加わっている。大変なことにならなければいいが。私はその夜、不安な気持ちでなかなか眠りにつけなかった。

翌朝、警察官二人が迎えに来ると、荷物をすべて持ってくるように命令された。もしかしたら、私はもうここには戻ってこられないかもしれない。私のロバは昨日チェックインする時に、オーナーの知人に預かってもらっている。

警察の車両に乗せられて五キロほど走り、高い壁に囲まれた警察庁舎に入った。まだ正月期間だからか、敷地内は静まり返っている。昨夜私のパスポートを取り上げた男は、執務室に入るなり「あなたはもうロバと旅することはできない」と言い出した。予期せぬことを言われ面食らう私に、誰なのか告げないまま受話器を渡してきた。

「ハロー。元気かね」

受話器の向こうの男は、英語でそう挨拶した。続けて私にこう訊ねた。

「きみはなぜロバと歩いているんだ」

「広大なイランをゆっくり見てみたかったので。ロバは重い荷物を運んでくれますから」

話をするにつれて、この男はイスファハーン市の警察署から電話していることが分かってきた。男はひと通りの質問を終えると、「我が国ではロバとの旅は禁止されている」と告げた。

「そんなはずはありません」と私は語気を強めた。これまでの道中でも警察に何度も足を止められ、そのたびにビザとパスポートを見せてきた。だが一度も禁止だと言われたことはない。警察署長が町長と一緒に弁当を届けに来てくれたこともあったし、土地の人間に掛け合って一夜の宿を提供してくれるなど、むしろ協力的だった。

そんなことを説明した後、「なぜ禁止されているのですか？」と訊くと、男は「禁止されているからだ！」と急に怒ったような口調になった。それでも理由を教えてほしいと食い下がると、「きみは今日中に出国しなければならない」ときた。話がめちゃくちゃだ。と同時に希望はあるとも感じた。理由を言えない、つまり法律のような明確なルールがないのなら、こちらが正当な旅行者であることさえ納得してもらえれば、旅は続けられるはずだ。

　私は恐縮したふりをして、「気分を害されたなら謝ります。イスファハーンまで伺うので状況を説明させていただけませんか」と懇願した。相手はそれを了承してくれた。ただ、今日ではなく明日来るように、ということだった。

　私のパスポートを持っている警察官がタクシーを呼んでくれ、一緒に乗り込んだ。彼は「私はあなたを愛しているが、上司の所に連れていかなければならない」と申し訳なさそうに言った。彼にしてみても、このような事態に発展したのは思いもよらぬことだったのかもしれない。ただ、タクシー代は警察ではなく私持ちだった。

　面倒なことになってしまい内心うんざりしたが、パスポートを取り上げられている以上、警察に従わなくてはならない。ロバのことが心配だったが、この警察官がホテルのオーナーを通じてもう少し面倒を見るよう取り計らうと言ってくれた。

　タクシーは二時間ほど走ってイスファハーンの警察署に到着した。まさか再びここに戻ってくるとは思わなかった。というのも一週間前、私はイスファハーンに三日間滞在していた。近郊に住む親切な老人にロバを預け、この警察署でビザの更新をしたばかりだった。

あの時、庁舎内はビザの更新を待つアフガニスタン人で混雑していた。しかしこの日は閉庁日らしく人けがなかった。ゲートを通った先に警察幹部が集まっていたが、私を一瞥《いちべつ》しただけだった。庁舎に入ると私の荷物はすべて没収された。シバク村から付いてきた警察官はここでお役御免となり、私は入り口のソファに座ってしばらく待つように言われた。

入庁したばかりと思しき若い警官が、ケバブ弁当とリンゴ一個、ペットボトルの水を持ってきてくれた。だがこの状況ではとても食べる気にならない。それでも食べろ食べろと勧めてくる。時おり、上司が目の前を通ると、この若者は帽子をとって立ち上がった。

一時間ほど待たされたところで、胸に四つ星を着けた四十代後半くらいの男が現れた。くせのある英語の発音から、「きょう出国しろ」と迫ってきた警察官だと分かった。彼の上司と共に、二階にある一室で取り調べが始まった。

質問は詳細だった。「なぜロバと旅しているのか」という、これまで散々答えてきた問いから始まり、これまで通過してきた村をすべて答えさせられた後、「なぜこのルートを選んだのか」「美しいと思ったか」「イラン人をどう思うか」と間髪をいれずに訊いてくる。彼らは内容だけでなく、私の答えに矛盾がないか、答える際の態度にも目を光らせていた。

「イランに知り合いはいるか」

「日本の大使館とやり取りしているか」

「マスコミと関係があるか」

これらの質問は、私をスパイではないかと疑っているかのような内容に思えた。まさかロバと田舎を歩きながら、国家機密に関わる情報を探っていたとでも考えたのだろうか。私は自分が不利になりそうなことや、これまで世話してくれた人たちに迷惑がかかりうることにはうそも交え、しかし丁寧に答えながら、心の中では「自分はロバ連れの変わり者かもしれないが、本当にただの旅行者なのに」と思っていた。私の受け答えに、彼らが笑い出す場面もあった。私は思い切って、「私を逮捕するつもりですか？」と訊いてみた。

「するわけないだろ。とんでもないこと言うなよ」

四つ星の男はこう言って否定した。それでも警察の言うことは次々に変わるので信用できない。警察が最初に言った通りなら、私はシバク村の警察署でパスポートチェックを受けた後、すぐまた旅を再開できるはずだったのだ。

四つ星の上司が部屋を出ている間に、「私はこれからどうなりますか？」と訊いてみた。

「今はまだ分からない」

「あなたの考えを聞かせてください」

「きみはロバを売る。そしてイランを出国しなければならないだろう。日本、あるいは（私が次に行くつもりだと言った陸続きの）トルコへ」

彼の上司が部屋に戻ってきて、いったんカメラやスマホなどを返してくれたが、何かの間違いだったらしく、またすぐに没収された。着替えなどが入ったバックパックだけは返してくれ

ザグロス山脈の山村を早朝に出発すると、ヒツジの放牧に巻き込まれた。ロバは後ろが気になるのか、ウサギのように両耳をピンと立てている。

た。明日もまだ取り調べは続くからと、窓に鉄格子が付いた護送車に乗って街中のホテルに連れていかれた。一軒目は満室で、二軒目は一泊二五ドルと私が普段泊まるホテルよりも高かった。驚いたことに、警察ではなく私の自腹だという。警察が連れてきたのに、ホテル代は自分持ちなのかとがっかりしたが、ここで反論しても仕方がない。これから何泊するか分からないので、私はフロントマンと値下げ交渉し、一四ドルに下げてもらった。

　四つ星が去った後、フロントの男が「何があったんだい」と興味津々といった様子で訊いてきた。私は簡単に事情を話し、正直に不安を打ち明けた。すると彼はこう言ったのだった。

「心配するな。きみはホテルまで来たんだ。もし逮捕されるなら、今ごろ刑務所の中だ」

気まずいうそ

　翌朝、警察署に行くと受付が始まる八時時点で二〇人ほどのアフガン人がビザを更新しようと並んでいた。彼らのあとに続いて守衛からボディーチェックを受けようとした。私のことは庁舎内でうわさになっているのか、若い守衛は私のチェックをスルーした代わりにニコッと笑顔を見せてくれた。

　私が通されたのは、二階にある「違反調査室」と英語で書かれた一室だった。中に入ると、「おお、例の日本人か」と意外にも好意的に迎えられた。前方に私服を着た三人のベテラン刑事が陣取り、私はソファに座らされた。私と同年代の警官が通訳として加わり質疑応答が始まった。

　これまでも散々訊かれた質問に同じように答え、刑事の部下が古びたサムスンのパソコンに私が答えたことを打ち込んでいく。ひと通りの質問が終わると、刑事の一人が「きみはイランに入国する際、ロバと旅することを警察に申請する必要があった」と言った。

「無断でロバと旅をしたら罪になるのですか？」

「正確には違法ではないが、違法に近い行為だ。ロバと旅するなんて聞いたことがない。きみが初めてだ。だから我々にとっても非常に興味深いんだ」

　前回は「違法」と言い、今回は「違法ではない」なんて、まったくいい加減だ。

「私は旅を続けられるでしょうか」

「きみは旅を続けられる。我々は国内の全警察署にきみのことをアナウンスする。今回のようなトラブルが起きないように協力してあげよう」

　警察が私に協力してくれる？　予想外の言葉に戸惑った。ただ、最終的な処分が決まるまであと数日を要するということだった。その間は私のスマホとタブレットパソコン、カメラはパスポートと共に警察が預かるという。スマホのパスコードを訊かれたので、写真の中身や外部とのやり取りなどもチェックされるのだろう。

　私には何もやましいことはないが、本当に旅を続けられるのか不安になってきた。イランで拘束されている外国人はジャーナリストが多い。私の前職は新聞記者だ。しかしイランで本当のことを言うと変な誤解を与えかねないので、自分は文化人類学者だといって通してきた。人類学者なら、ロバと田舎を歩いていても、ぎりぎり納得してくれるだろうと思ったからだ。

　スマホやカメラは、こういう事態を想定して、警察が目をつけそうな写真は残さないよう注意を払ってきた。しかし、もし彼らが日本語通訳を雇うなどしてスマホの中身を徹底的に調べれば、私がうそをついていることは見破ってくるだろう。観光客としてイランに来てドローンを揚げてしまったがゆえに、二年近く拘束されているフランス人を自分と重ね合わせた。私に対する疑いは、今はまだ極めてゆるいだろうが、万が一うそがばれたら、逮捕されるかもしれない。逮捕されて裁判にかけられ、長期間拘束される——という事態は、私がイランに来る前に一〇〇分の一の確率で起こり得ると考えていた最悪のシナリオだった。

　ホテルにいたら余計に不安が募ってくるので、気晴らしも兼ねて外出した。一週間前にイスファハーンを訪れた際、三泊したゲストハウスに行こうと思った。いつも明るく、英語を流暢に話す宿主のナディラという中年の女性にいろいろよくしてもらい、イスファハーンを発った後も時々連絡を取り合っていた。彼女なら私がどういう旅をしているのか知っているし、世話好きなので相談にも乗ってくれるだろう。

　昼過ぎに訪ねた。ナディラは私を見ると顔をこわばらせた。「ひとり？」と訊き、外の通りに人がいないか確認している。私がひとりだと言うと中に入れてくれた。これまでのことを話すと、彼女は「ロバとの旅が禁止だなんて聞いたことがない。イスファハーン警察は何かと問題をつくりたがるの」とため息をついた。

私にはナディラに伝えなければならないことがあった。

「警察から、前回のイスファハーン滞在中にどこに泊まったのか訊かれたから、あなたの電話番号を教えた。電話がくるかもしれないから、私が泊まったのは間違いないと答えてね」

ナディラは「分かった」と言ったが、その後言いづらそうに「実は昨日の夜、警察から電話があったの」と打ち明けた。彼女によると、昨日は夜遅くまで家族や親戚とピクニックに出かけていた。その間に警察から携帯に電話がかかってきた。だが日本人なんか泊めていないとうそをついたという。彼女はイスファハーンでゲストハウスを二軒経営しているが、私が泊まった建物は表向きには彼女の住居であり、宿泊業の許可を得ていない。つまり実態は闇営業であり、そのことが警察にばれたらまずいので、うそをつくしかなかったのだという。

いつもニコニコしているナディラが、この日はずっと緊張した様子なのは、このうそのせいだった。もちろん私は闇営業だったとはつゆ知らず、心の底からがっかりした。

「困るよ。私はいま、スパイじゃないかと疑われているかもしれない。あなたにそんなうそをつかれたら、私への疑いがますます濃くなってしまう」

「警察が疑うならあなたではなく、うそをついた私の方よ」

続けて彼女はこんなことを口にした。

「警察からまた電話が来たら、昨日の夜は私の親戚が電話をとったのだと説明する。親戚はあなたのことを知らないから、《日本人なんて泊まっていない》と答えた。私はあなたと〝たまたま〟街中で知り合い、私の家に招待した。そういう話にする」

警察にこれ以上うそを重ねるのは危険だと思った。何より私は、事情があったとはいえ、結果的に信頼していたナディラに裏切られる形になったことがショックだった。彼女と話をすることで安心感を得ようとしたのに、逆にますます不安が募る結果になってしまった。

私たちの間に気まずい空気が流れた。言葉をなくした私は彼女を責めることもできず、ホテルに引き揚げるしかなかった。

結末

ホテルに戻った私は、何もする気が起きなかった。田舎をロバと歩いたことでスパイだと疑われるなんて冗談みたいな話だが、現実的にあり得るのではないかと本気で怖くなってきたのだ。警察からは「イスファハーンは美しい町だ。滞在を楽しみなよ」と言われたが、この状況ではとても観光する気にならない。

唯一の救いはホテルのスタッフだった。オーキッドホテルという名のこの小さなホテルは、警察に連れてこられたものの、警察と特別な関係があるわけではないらしく、スタッフは私にとてもよくしてくれた。部屋はダブルベッドに、清潔なシャワーとトイレが付いた文句の付けようもないものだ。この時期はイスラム教徒が一カ月、夜明けから日没まで飲食を断つラマダン（断食月）であったにもかかわらず、私が朝起きてくると、いつも無料で朝食を出してくれた。シバク村の民家に預けっぱなしになっている私のロバの安否も電話で確認してくれた。

　とりわけ親切だったのが、日中にフロントに立つテヤークという初老の男性だった。イラン・イラク戦争下では軍人として後方支援にあたったというが、温和な雰囲気からは軍人だったとはとても想像できない。私の境遇に心から同情してくれ、うまくはいかなかったが、彼の友人である警察官を通して、せめて私の持ち物を返してくれるよう取り計らってくれたこともあった。

「日本人はトモダチだから」

　テヤークは私にそう言ったことがあった。

「これまでたくさんの日本人が泊まりに来てくれたが、皆さんとても良い人たちだった」

　日本人の宿泊客はいつも、清掃係が仕事をする必要がないほど、部屋をきれいに片づけてチェックアウトする。そうした振舞いから日本人に対して良い印象を抱いているらしかった。

　しかし、そんなテヤークも、イラン国内のアフガン難民には強い嫌悪感を抱いていた。私がよくアフガン人だと間違われることを話すと、彼は「たしかにきみはアフガン人に似ている」とうなずき、「私は日本人です。助けてください」とペルシャ語で書いた紙を印刷して私にくれたりもした。

「これから会うイラン人には、この紙を見せなさい。きみが日本人だと分かれば、イラン人は助けてくれるから」

しかし、その言葉を聞いて、日本人観光客には心を尽くし、身近なアフガン人には冷ややかな視線を向ける態度に、「テヤーク氏よ、あなたもか」と暗澹《あんたん》たる気持ちを抱いたのもまた事実だった。


いよいよ審判の時がやってきた。二度目の取り調べから三日後、刑事と通訳の二人がオーキッドホテルにやって来た。まず持ち物を返してくれた後、刑事がこう言った。

「きみはこれ以上、ロバとの旅を続けられない。我が国では、動物と移動することは禁じられているからだ。しかし、我々は日本という国をリスペクトしているので、今回の件できみにペナルティは科さないことにした。これはイラン政府としての決定である」

前回の取り調べでは私に協力してくれると言ったのに、今回は旅を続けるなと言う。その変貌ぶりに、もう驚きはしなかった。一応、なぜ動物との移動が禁止されているのか理由を訊いてみたが、「そういうルールだからだ」と返ってくるだけで要領を得ない。刑事はくぎを刺すように、「もしロバとの旅を続けたら、次はもっと大きな問題になる」と警告した。腑に落ちない私は、彼らの去り際に、「もし私がアメリカ人だったら逮捕したのか」と訊いた。刑事は

「当然だ」ときっぱりと言った。

ひとまず最悪の事態は免れた。しかし、彼らは本当に私のことをスパイだと疑ったのだろうか。手元に戻ってきたパソコンやスマホのバッテリー残量を確認すると、取り上げられる前からほとんど減っていなかった。彼らが充電した可能性はあるが、わざわざ最初の状態に戻したとは考えにくい。それならなぜ私は三日間も行動を制限され、ロバとの旅を禁じられたのだろう。警察としての面目を保つため、私の安全を考慮した、などいろいろ考えてみたが、本当のところは分からなかった。真意が分かりかねるところが、イラン警察の印象をさらに不気味にさせた。刑事が言った「日本をリスペクトしている」、「アメリカ人なら逮捕していたのか」と訊いた時の「当然だ」という言葉。ただ一つはっきりしているのは、私が今こうして無事でいられるのは、彼らが日本に対して良い印象を抱いているからだということだった。

警察には二度とロバと旅しないと署名をさせられたものの、心の中では諦めきれていなかった。オーキッドホテルのオーナーらが「イスファハーン州の外にさえ出れば大丈夫」と言ってくれたこともある。私自身、自分は何の問題もない善良な旅行者であるという自負があり、話せば分かってもらえるという思いもあった。

そこで私はイスファハーン州の観光局に足を運んだ。警察とは別の公権力からロバとの旅を認めてもらえれば、警察も考え直してくれるだろうと考えたのだ。しかし実際に行ってみると、観光局の職員は私のことを把握しており、「あなたの処分はイラン政府としての決定です」とすげなく追い払われてしまった。

　気が付けば、自分の中にロバとの旅は諦めよう、という気持ちが芽生えていた。第一に、警察の決定をくつがえすのは難しいということがある。それに加え、私の心境の変化もあった。私は、毎日のようにイラン人から嫌がらせを受けることに耐えられなくなっていた。イスファハーンの街中でも、歩いているところを突然軍人に止められ、ビザの提示を求められることがあった。私のことを不法滞在しているアフガン難民だと疑ってのことだが、にたにた笑いながら、しかし高圧的な態度からは、アフガン人への侮蔑がはっきりと感じられた。

　もし警察から許可を得られても、行く先々できっと、いやな目に遭い続けるだろう。これ以上、この国で徒歩旅行を続けるのはやめた方がいいと思った。

　もともとイランの次はトルコに向かうつもりだった。

　だが、ロバを手放すつもりはなかった。一カ月近く一緒に過ごす中で愛着を感じていた。私が用を足すために茂みに隠れた時も、ロバは待っていてくれるくらいには私のことを飼い主として認めてくれていた。ロバを売ってくれたジャバドに相談すると、彼の知人が一〇〇ドルでトルコとの国境までトラックで運んでくれることになった。

　そこまで話が進んだところで、果たしてロバは国境を越えられるのかという疑問が湧いてきた。犬や猫ならペットパスポートが必要だろうが、私のロバはそんなものを持っていない。人に聞いたりネットで調べたりしたところ、狂犬病ワクチンの接種や健康証明書が必要らしいことが分かってきたが、書類をすべてそろえたとしても、本当に国境を越えられるかどうか確証はなかった。また、それらの手続きにどれくらいの時間を要するのかも分からなかった。ロバと歩いて国境越えなんて、おそらく過去にも例がないだろう。

　ロバを国境へ運んでも、そこを越えられなければ手詰まりになる。右往左往しているうちにビザの期限が切れたら、私は不法滞在となり今度こそ捕まってしまう。そもそも、シバク村から国境まで一〇〇〇キロ以上あるのに、ロバはトラックの不安定な荷台の上でそんな長距離移動に耐えられるのだろうか。考えれば考えるほど国境越えは難しいように思えた。

　できるならあのロバと共にまだまだ旅を続けたいが、ロバにとって何が最善か考えると、結論はおのずと決まった。元の飼い主であるジャバドとサイードに返そう。あの牧場ならロバにとって住み慣れた場所だし、ロバ仲間もたくさんいる。

　ジャバドに相談すると、後日、トラックで引き取りに来てくれることになった。もとより警察の対応に憤っていたジャバドは、「きみの旅の計画を台無しにしてしまって申し訳ない。イラン人としてとても恥ずかしいよ。それでも残りの旅が、良い思い出になるよう祈っている」と言ってくれた。

　私はジャバドと初めて会った日のことを思い出した。彼は「ベネフィット」（恩恵）という英語を使って、ロバがいかに人間の生活に有益であるかを説明してくれた。運搬や畑起こしといった力仕事に役立つのはもちろん、ロバの乳は栄養に富んでいること、最近は化粧品の原料としても注目され始めていること、メスのふんを燃やしてその煙を吸うと健康に良いことなどを教えてくれた。私が思い描いていた旅の終わりは、彼がくれたロバと共に何千キロも歩いて、「ロバのベネフィットがもう一つ見つかった。ロバはどこまでも一緒に歩いてくれる、旅の最高の相棒だ」と伝えることだった。それが叶わなくなったことを私はひそかに残念に思った。

　警察からはロバに会いに行くことも禁じられていたので、引き取りに立ち会うことは考えなかった。突然ロバと離れ離れにさせられ、二度と会えないなんてあまりに悲しい結末だが、警察に逆らえば私自身どうなるか分からない。

　私はロバに背負わせていたバッグやこまごました小物を、オーキッドホテルのテヤークにプレゼントした。彼はそれを思いのほか喜び、イスファハーンに来たらまた泊まりに来てほしい、日本人は友達だからと言って別れを惜しんでくれた。

第二部 ⇩ トルコ

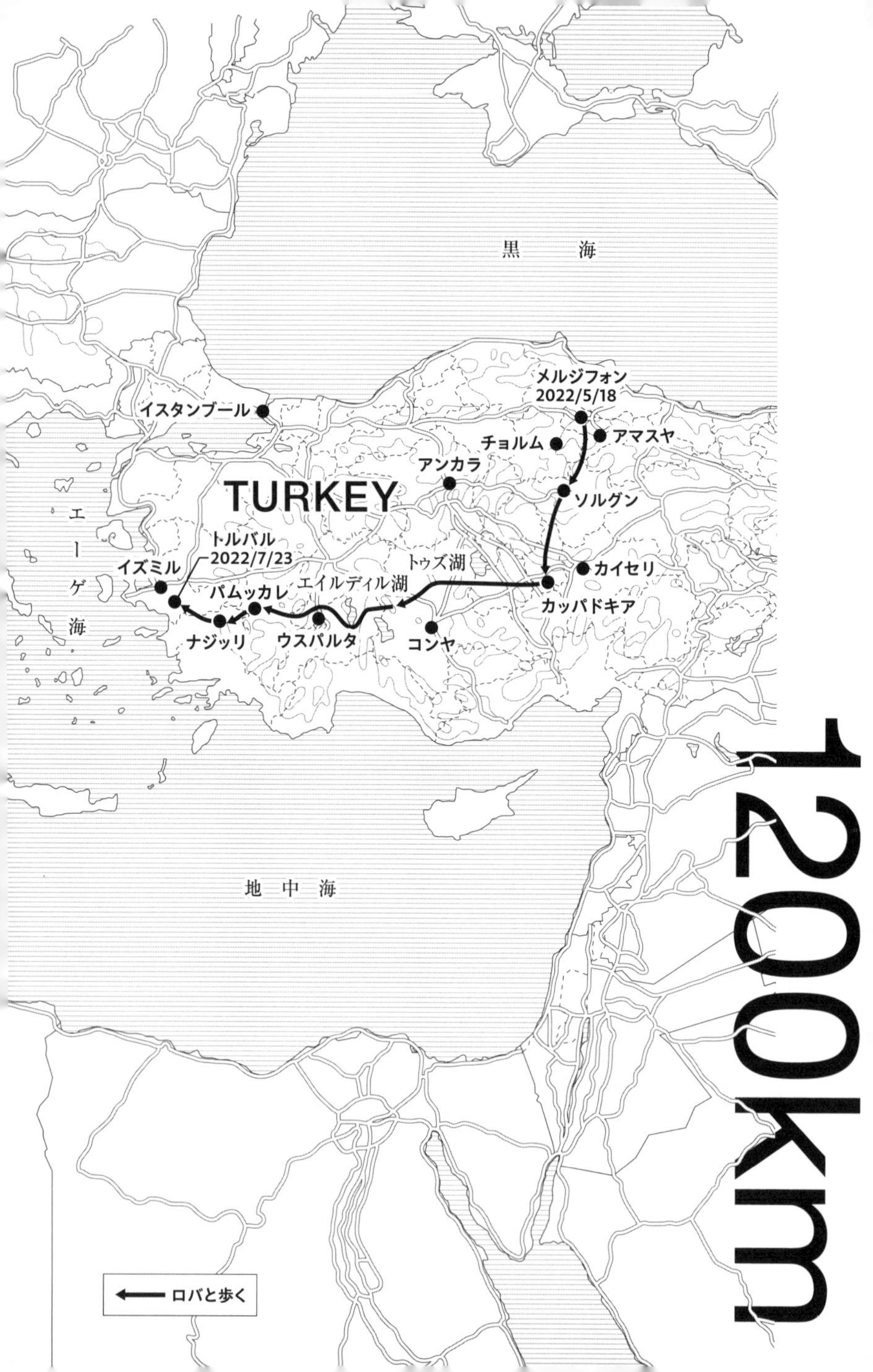
黒　海
メルジフォン
2022/5/18
イスタンブール
チョルム
アマスヤ
アンカラ
TURKEY
ソルグン
エーゲ海
トルバル
2022/7/23
イズミル
トゥズ湖
カイセリ
エイルディル湖
パムッカレ
カッパドキア
ナジッリ
ウスパルタ
コンヤ
地中海
ロバと歩く
1200km

ロバの都

イスファハーンを四月一二日に発った私は、アルメニアとジョージアに四週間ばかり立ち寄った後にトルコへ渡った。

イランから直接トルコに向かわなかったのは、イスラム教徒が一カ月断食するラマダンの最中だったことが大きい。私のような異教徒なら断食を強いられることはないが、それでも日中はほとんどの店が閉まっているので、やはり不便を感じてしまう。

そこで私はイラン北部の大都市タブリーズで中古自転車を手に入れ、キリスト教圏であるコーカサスで時間をつぶし、ラマダンが明けたタイミングでトルコに入ることにした。

この国でまず驚かされたのは、自由に歩き回る牛の姿だった。最初の町チュルドゥルにたどり着いた夕どき、牛の帰宅ラッシュに鉢合わせた。ゆうに五〇〇頭を超える牛が目の前を横切り、四方に散り散りになってゆく。国道にも牛があふれ、トラックが右往左往している。後で聞いたところによると、牛たちは日中牧草地に放たれ、陽が落ちてくると自分たちだけで飼い主の元に帰っていくという。私はこんなにも大規模な牛の放牧を見たことがなかった。

チュルドゥルはトルコで最も東に位置する最果ての町だ。日本の約二倍の国土を持つトルコは七つの地方に分かれているが、東アナトリアと呼ばれるこの地方は、最も広い面積を持ちながら人口は最も少ない。町の外には牧草地と丘陵がどこまでも広がり、牛がのんびりと草をはんでいる。

私はここからロバとの旅を再開しようと考えていた。イランで自転車を買ったのは、交通手段が乏しいであろうトルコの村々を巡ってロバを探すためでもあった。といっても手がかりは何もないに等しく、まずは北東部の町アルダハンを拠点にして、チャイハネに通いながらロバに関する情報の聞き込みを開始した。

その結果分かったのは、東アナトリアにいる動物は主に牛かヒツジで、ロバはあまりいないということだった。私はイランでもトルコでも、ロバはありふれた動物でどこにでもいると思い込んでいたが、現実はそうでないらしい。それでも「チョバン（羊飼い）ならロバを飼っている」という情報も耳にしたので、私は自転車に乗って、アルダハンから日帰りで行ける村をいくつか訪れることにした。

たしかに田舎の方にはロバがいた。何人かのチョバンは、私がロバを探していることを知ると売りたがった。しかも、言い値は驚くほど安かった。

だが、これはと思うロバはいなかった。彼らが紹介してくれるロバはまだ体が小さくて荷物を運べそうになかったり、逆に年をとりすぎたりしていた。どのロバも背中の毛がすり減り、地肌が傷んでいた。この地域ではわら袋を継ぎ合わせただけで鞍代わりにしているチョバンが少なくなかった。

ロバがいると聞いて自転車を数十キロ漕《こ》いで村を訪ねてみても、チョバンが放牧に連れ出していて結局一頭も会えなかったという日もあった。

そんなある日、メルジフォンという町なら良いロバが見つかるだろうと、ホテルで知り合ったトルコ人から聞いた。黒海地方に位置するメルジフォンは古くから交易路上にあり、物流に欠かせないロバの生産地として名を馳せてきたのだという。

トルコ国土を東から西へ、端から端へ歩くルートを思い描いていた私は、東アナトリアでロバを手に入れるつもりだった。だがこんなに探しても見つからないということは縁がなかったのだと思うことにして、メルジフォンに行くことにした。

メルジフォンは黒海から約一〇〇キロ南、ポントス山脈を隔てたアナトリア高原の北端にある。海抜約七五〇メートル。五月なのに雪がちらつく日もあった東アナトリアと比べると日差しは強く、春を通り越して初夏のような装いだった。

ロバの生産地という情報だけを頼りに、アルダハンからバスを乗り継ぎ丸一日かけてやって来たものの、ここでも具体的な手がかりはなかった。ただ、心配はしていなかった。聞き込みを続けていけば、誰かがしかるべきところへ連れていってくれるだろう。東アナトリアでロバを探した時も、さまざまな人が手助けしてくれた経験から、私は楽観的に考えていた。

　町の中心部で手ごろな値段のホテルを見つけ、さっそく聞き込みをすべく近くのバザールに出かけると、入り口で八百屋が目に入った。真っ赤なサクランボが山盛りで並んでいる。トルコはサクランボの生産量が世界一だと聞いたことがあるが、どれも色付きがよく、張りがあっておいしそうに見える。しかも、一キロがたったの二〇〇円ほどだという。トルコでは近年、インフラが急速に進み、あらゆる物価が上がっていると聞くが、それでも日本と比較すると信じられないほど安い。メロンは一玉百数十円。カブトムシのように果物さえあれば生きていける私にとって、トルコでは飢え死にしなくてすみそうだった。

　色鮮やかな果物に目を引かれていると、店主と売り子が愛想よく対応してくれ、私はサクランボを一キロ買うことにした。そのついでに、このあたりでロバを飼っている人を知らないか、店主らに訊いてみた。そこに折よく英語が話せる男性が通りかかり、「何か助けが必要かい？」と声をかけてくれた。

「実はロバを買いたいのですが、売ってくれそうな人を知りませんか？」

　私の突拍子のない質問に不意を突かれたようだったが、男性は八百屋の店主らとあれこれ話し合ってくれ、誰かに携帯で電話した後、私に言った。

「この町でロバ牧場をやってるじいさんがいる。明日にでも見学してみる？」

　こんなに簡単に見つかるものなのかと内心驚きながら「ぜひとも」と返事をした。

ムスタファという名のその老人は、たまたまバザールの近くにいたらしく、さっそく挨拶に来てくれた。でっぷりした腹、鼻の下の立派な髭、禿《は》げ上がった白髪の頭は、まさにトルコの好々爺《こうこうや》といった風情だ。お互い言葉は分からないが、八百屋側の説明にうんうんうなずいている。私に向かって良いロバがいるぞとにっこり笑い、私たちはがっちり握手を交わした。

翌日、ムスタファはくたびれ切ったフォード製の貨物車に乗ってホテルまで迎えに来てくれた。車内のあちこちにロバの乾いたふんがこびりついている。牧場は町の中心部から車で一〇分くらいの所にあった。柵に囲まれた牧場ではなく、黄色い野の花が咲き乱れる空き地のような空間にロバが何頭かつながれ、草を食べている。

ムスタファはその中から一頭を私の前に引っ張ってきた。立派な体格で、ぼさぼさの茶色い冬毛におおわれている。年齢は四歳と若かった。

ムスタファがロバの背中に飛び乗った。ロバは少し驚いたようだったが、一〇〇キロは超えているであろう巨体をものともせずに軽快に走ってみせた。ムスタファは「どうだ」と言わんばかりのしたり顔だ。

ムスタファがロバから降りると、ロバは即座に寝転がって勢いよく背中を砂にこすりつけ始めた。砂浴びだ。勢いがつきすぎて体が回転してしまっている。

なんて元気がいいのだろう。ロバというのは大体静かに突っ立っているか、のんびり草を食べているかなので、感心してしまった。私はイランで最初のロバを死なせてしまった経験から、ロバは意外と繊細なところがあることを学んでいる。しかし、このロバならきっと大丈夫だろう。そう思わせるエネルギーがこのロバには満ちていた。

問題は見た目だった。私の理想は、全体が茶色で、目の周りと鼻が白っぽいロバだ。ところが、このロバは茶色ずくめだった。目の周りも茶色に塗りつぶされているので表情が分かりにくい。あか抜けない田舎者といった印象を受ける。

しかし、ほかに候補はいなかった。ムスタファが飼っている七頭のメスはすべて身ごもっているか、子を持っていた。種付け用のオスは二頭だけで、もう一頭はまだ一歳で体も小さく、旅にはとても連れ出せない。

見た目を気にしている自分が自分でも意外だったが、この際、目をつむることにして、この元気なロバを買うことにした。ムスタファの言い値は二五〇〇リラ（約二万円）。東アナトリアのロバと比べるとずいぶん高い。私は二一〇〇リラに値切って話をつけた。

メルジフォンの馬具屋にはしっかりした鞍が売られていなかったので、六〇キロ離れたチョルムまでバスで出かけて手に入れた。イランから漕いできた自転車は、片方のペダルが取れてしまっていたが、バザールのチャイハネにたむろしていたおじさんたちに声をかけたところ、二五〇〇リラで買い取ってくれた。これで出発の準備は整った。

出発の日、ロバはこの日も野の花畑でのんびりと草をはんでいた。ムスタファが引っ張ってくると、ロバは何かを察知したのか、激しく鳴いた。

ロバの鳴き声は、それは奇妙なものだ。アメリカでは「ヒーホー」、イギリスでは「イーヨー」などと表すそうだが、実際は人間の言葉では到底表現できない複雑な音をしている。古くなった工場の何かの機械が軋《きし》んでいるような音、と言えばいいだろうか。それでもあえて表現するなら、鼻をぶすぶす鳴らしながら、「ヴァーピーッ！　ヴァーピーッ！」。

いかにも苦しそうで、鳴いているというより、泣いているように聞こえる。声量もすさまじく大きいので、初めて聞いた人なら、子どもが虐待されていると勘違いしてしまうかもしれない。

ロバの背中に深紅色の鞍を載せ、バッグを取り付けると、私たちはムスタファに見送られて出発した。

改めてロバを見ると、尻が大きく禿げているのに気が付いた。毎日のように叩かれてきたのか、白い肌が露出していて痛々しい。私はなんだか不憫に思えてしまい、自分は絶対に叩かないようにしようと心に誓った。

町の外には、初夏の光を浴びた麦畑が広がっていた。風が吹くと、緑の波がざざざと揺れる。その向こうには、これから越えていくなだらかな山並みが見えた。

ロバは立ち止まって町の方角をじっと見ている。生まれ育った町を離れるのが名残惜しいのかもしれない。コイツがここに戻ってくることは、たぶん一生ないだろう。

「さあ、行くぞ」

手綱を軽く引くと、ロバはゆっくりと歩き始めた。

ジャンダルマ

麦畑のなかを一時間ほど歩いたところで最初の集落を通った。

小さな商店を商っている老人が、目を丸くして話しかけてきた。

「お前さん、本当にロバを買ったのか」

私は数日前にこの集落を訪れていた。あの時はまだこの不細工なロバが受け入れられず、未練がましくもメルジフォン周辺の集落を自転車で訪れてロバを探していたのだ。その時にこの店に立ち寄ってコーラの缶を買った。ついでに老人にロバのことを訊くと、この集落にはいないということだったが、私はパンとトマトをいただき、店の軒先で一緒に食べたのだった。

老人は、今回も私を家に招き、奥さん手作りのシチューを振舞ってくれた。

この日は初日ということもあり、軽く歩くだけのつもりだった。しかしロバがあまりに快調に歩いてくれたために、正午前に出てきたのに気が付いたら三〇キロ近くも歩いていた。

辺りは徐々に暗くなり、山道になってきた。今晩寝る場所がまだ見つかっていないことに少し焦りを感じながら、急な坂道を上り続けた。陽が完全に沈んだところで、エセンテペという村に入った。真っ暗で静まり返っていた。村を出たところにテントを張ろう。そう思って歩きだすと、モスクの前で四十代くらいの男がこちらを見ているのに気が付いた。

「こんばんは。私は日本人でロバと旅をしています。この村にテントを張っていい場所はありませんか？」

ロバ連れの東洋人が突然現れたことに驚かない様子を見ると、この男は私がやって来ることを知っていたのかもしれない。一時間前に、トラクターに乗って村に帰る途中の男が「この辺はオオカミが出るぞ」と警告してくれたので、たぶんその男から聞いたのだろう。

男は携帯電話で誰かと二言、三言話した後、「ついてこい」と言って、私の前に立って歩き始めた。二〇〇メートルほど歩いたところに小さな白い建物があった。がらんとした空間の片隅には折り畳み椅子やテーブルが積まれている。集会所のような場所なのだろうか。私は古いソファが置かれた部屋に通され、今晩はそこで寝かせてもらえることになった。

それから約一〇分後、「ジャンダルマ」がパトカーに乗ってやって来た。男がさきほどの電話で呼んだらしい。外国人がこういう辺鄙《へんぴ》な所に来たら通報するルールでもあるのだろうか。

ジャンダルマは国境警備や国内の治安維持、交通取り締まりなどに当たるトルコの軍警察である。ポリスは都市部を管轄するのに対し、田舎にはジャンダルマが配置されている。私も東アナトリアで何度か会ったことがあるが、いつも紳士的に接してくれるので、彼らには良い印象を抱いていた。

憲兵五人は全員が二十代から三十代の若者で礼儀正しかった。私がパスポートを見せた後、「ま、一応マニュアルだからさ」といった感じでバックパックの中身も確認されたが、それも三〇秒で終わった。「何も問題ありません」と隊長が上司に電話で報告すると、それでおしまい。彼らの提案で記念写真を撮ることになった。軍人や警察の写真を撮るのは厳禁のはずだが、気に留める様子はない。「何か必要なものはないか」と三回くらい私に訊ね、私が本当に何も必要としていないことが分かると、「良い旅を」と言って去っていった。

その夜、集会所の前につないでいた私のロバが五回、夜鳴きした。そのたびに村中の犬が興奮して吠えた。私のことを知らない村人たちは、村にいるはずのないロバの鳴き声に驚いて、鳴き声の正体を確かめにやって来た。私はロバが鳴くたびに、子どもの不始末を詫びる保護者のような気持ちになり、それが自分でもおかしかった。

翌朝は小雨が降っていた。明け方から降り始めたらしく、ロバはすっかり濡れていた。耳をぺたんと後ろに倒し、体を縮こまらせている。それでも麦を五〇〇グラムほど与えると、あっという間に平らげてその辺の草を食べ始めた。

私の存在はロバが何度も夜鳴きしたせいで村中に知れ渡ってしまったらしい。村を出る時、窓をこんこん叩く音がするので何事かと思ったら、中年の女性が窓から私を手招きして、飴がたくさん入った袋をくれた。

山を一つ越えると、オレンジ色の瓦屋根の家が集まった小さな村が見えてきた。通りは牛のふんだらけで、雨のせいでぐちゃぐちゃになっている。

山羊髭をたくわえた老人に声をかけられた。互いに言葉は分からないが、パスポートを見せてくれと言っているらしい。トルコでも私はたまにアフガン人だと間違われるから、どこの国の人間なのか確かめたいのだろう。パスポートを差し出すと、老人は一枚ずつめくりながら入念にチェックし始めた。その間に村人が五、六人集まってきて取り囲まれてしまった。

突然、村人による取り調べが始まり、しかも回し読みまでしている。

「日本から来たツーリストです」と私は言った。

「何か問題がありましたか？」

老人は私の手を制し、パスポートを持ったままだ。

村人から通報を受けたらしいジャンダルマがパトカーでやって来た。村人の疑り深い態度とは対照的に、三人の若い憲兵は形式的なパスポートチェックだけで済まし、詫びるようにこう言った。

「私たちの詰め所がこの先にあります。一緒にチャイでも飲みませんか？」

結局、私は幹線道路を避けて未舗装の農道を選んだので、彼らとチャイを飲むことはなかった。しかし、チャイはトルコ人にとって、私のような外国人を迎えるための重要なコミュニケーション手段であることを、私はこの後気付かされた。

村に入ると、村人からしょっちゅうチャイに誘われる。招きに応じるとしばらく居続けることになるので、その時の気分によって応じることも、応じないこともあった。しかし、先を急いで応じなければ、村人からジャンダルマに通報されてしまう。

要するに、外国人も来ないような田舎の人たちは、身元をただすためにチャイを使う。チャイを飲みながら、どこから来たかなどの情報を聞き出し、問題がなさそうなら解放するというわけだ。

日本の警察官がいきなり職務質問を始めることを考えると、トルコのそれはずいぶん、穏やかだといえる。チャイを飲まないとスムーズに進めないのは面倒でもあるが、それがトルコ流ということなのかもしれなかった。

麦畑に囲まれた農道を歩いていると、何十匹ものヒツジが私たちを追い越していった。その後ろを、クマほどの大きさのカンガル犬がついていく。

羊飼いが必ず連れているカンガル犬は、群れに近づく者には容赦なく吠えかかる強者《つわもの》だ。これまで読んだ紀行文にはカンガル犬の恐ろしさがよく語られていたので、私は思わず緊張して足を止めた。オオカミに喉をかみ切られないようにつけている鉄針の突き立った首輪が、余計に見る者の恐怖心を煽《あお》り立てた。

この時は私たちを一瞥《いちべつ》しただけで行ってくれた。

この日は夜まで歩いたのでテントを張るのが面倒に感じ、村外れのバス停のベンチに寝袋を敷いて眠った。草地につないでおいた私のロバはしばらく草を食べた後、ごろんと横になった。真夜中に五、六匹の野良犬が襲いかかってきた。ロバが驚いて、断末魔のような叫び声を上げた。私は寝袋から飛び起き、石を投げて追い払った。犬たちは遠巻きに吠え続けていたが、やがてやんだ。明け方になると、今度は遠くのモスクから礼拝を呼びかけるアザーンが流れ始めた。すると一匹の野良犬が合わせるようにうおおおんと鳴き始め、離れた場所にいる他の犬たちの遠吠えを誘発した。その遠吠えは次第に一体感が生まれ、私の耳にいつまでも残った。

名前を与える

この地域でありがたかったのは、水に困らないことだった。大体五キロごとに水場が現れる。放牧牛のために整備されているらしく、地面は糞尿でぐちゃぐちゃだ。最初はロバを引っ張って水を飲ませていたが、やがてのどが渇いたら自分から水場に近づいていくようになった。私もまた、人がいないのをいいことに、素っ裸になって水を浴びた。

歩き始めて三日目、私たちはゴイヌジェクという町に入った。ここでは警察官に、舟に似た細長い形のトルコ風ピザをご馳走になり、その夜の宿として町工場を紹介してもらった。その警察官は最初、「アフガン人がロバと歩いている」と通報を受けて様子を見に来たらしい。誤解はすぐに解けたが、私は警察署に連れていかれ、雑談しながらチャイを三杯飲むことになった。

「ところで、きみはなぜ歩いているんだい？」と警察官が私に訊いた。

なぜロバで、ということはよく訊かれるが、なぜ徒歩で、という質問は初めてだった。

歩いて旅をしようと思ったのは、もともとは知らない土地をゆっくり見てみたいという単純な思いからだ。スペインで初めて八〇〇キロの巡礼路を歩いてみて、歩いたらどこにでも行けるという、一見自明でもある事実が私にとっては痛快だった。

それは、高校生の時に読んだ『深夜特急』という本に強く影響されている。著者の沢木耕太郎さんは、二六歳の時にバスでユーラシア大陸を横断した理由について次のように語っている。

> ほんのちょっぴり本音を吐けば、人のためにもならず、学問の進歩に役立つわけでもなく、真実をきわめることもなく、記録を作るためのものでもなく、血湧き肉躍る冒険大活劇でもなく、まるで何の意味もなく、誰にでも可能で、しかし、およそ酔狂な奴でなくてはしそうにないことを、やりたかったのだ。もしかしたら、私は「真剣に酔狂なことをする」という甚だしい矛盾を犯したかったのかもしれない。
>
> （沢木耕太郎著『深夜特急1』新潮文庫）

有益なことや効率を追求する大人の目から見れば、ユーラシア大陸をバスで横断なんて「何の意味があるの？」と思われてしまう。そんな大人社会に背を向けて、酔狂な奴でなくてはしそうにないことに真剣に取り組む姿勢に、当時高校生の私は喝采を送りたかった。

今の私にも、目的も目的地もないロバとの旅を通じて、役に立つとか、効率的であることを求める世の中に抗ってみたいという気持ちがないわけではない。

「四〇年前までは、どの農家もロバを飼っていたけど、今はほとんど見なくなった。テクノロジーの国から来た日本人が、この時代にロバと歩いているなんて、興味深いよ」

警察官はそう言って笑った。

たしかにメルジフォン以来、私はロバを一頭も見ていなかった。昔は農耕や運搬に欠かせない動物だったはずなのに、モータリゼーションによって今や用無し、ロバを飼う人はめっきり減り、時代遅れの乗り物として忘れられつつあった。

そんなことを考えていたら翌日、初めて他のロバに出合った。私のロバより一回り小さい栗毛が背中に荷鞍をつけたまま、のんびりと草をはんでいる。メスだった。私のロバは急に鼻息を荒くして近づいていった。

それを見たメスは「どうしたの？」とでも言うように、鼻をくっつけに来た。もう私のロバは我慢しきれなくなり、耳をぱたぱた動かしながら夢中で匂いを嗅ぎはじめた。ところがその瞬間、相手は自分には合わないと感じたのか、プイッと顔を背け、向こうに行ってしまった。

「ヴァ〜〜〜！」

私のロバはその後ろ姿を見送りながら、口を大きく開き、全身をぶるぶる震わせながら絶叫した。振られたことがショックで泣いているのだ。まるで人間のようだった。いや、人間ならプライドもあって、こんなにあからさまに泣かない。オスの姿は、まるで全人格を否定されたかのようなうろたえぶりで、だから余計に哀しく見えた。

私は、こんなにも自分の感情を素直に表現するさまに心を打たれた。女の子に振られて、泣き叫ぶ。なんて清々しい生き物なのだろう。このロバが振られる動画をツイッターに載せたところ、たちまち「いいね」がついて拡散されていった。

「この世の終わりのような泣き声」「笑っちゃったけど絶望に共感してしまう」

それまでフォロワーは数百人だったのが、あっという間に一〇〇〇人を超えた。

そのうちの一人から「このロバに名前はありますか？」と質問された。私はロバに名前を付けるという発想をしたことがなかった。モロッコとイランで旅したロバにも名前を与えていなかった。一人と一頭の旅では、名前を呼ぶ機会がなく、必要もなかったからだ。

その時は「名前は無いんです」と答えたが、その後も訊いてくる人が何人かいた。私にとっては、ロバに名前がなくても不都合はない。しかし、言われてみれば一緒に旅をしているのだから名前くらいあってもいい。私はそう思い、「ソロツベ」と名付けることにした。「そろそろ名前をつけるべきか」を省略しただけの適当なネーミングだった。しかし、その時は思いもしなかったが、名前を与えたことで、ロバに対する親しみは格段に増し、ソロツベは特別な存在になっていく。

ソロツベが女の子に振られた村から先は山道になり、のんびり歩いていると、そこにジャンダルマのパトカーが追い付いてきた。私が日本人だと分かった時の驚きぶりからすると、今回も村人から「アフガン人が歩いている」と通報を受けて駆け付けてきたにちがいない。二人の憲兵は緊張した面持ちで上司と電話でやり取りし、何も問題がないと分かると、申し訳なさそうに抱擁を求めてきた。

眼下に牛が放牧されているのを見ながら長い坂道を上りきると、うっそうとした森になった。羊飼いの白い天幕から、夕餉《ゆうげ》の支度なのだろう白い煙が立ち昇っている。

虫がさえずる中、ソロツベは草をはみ、私は八百屋で買っておいたメロンにかぶりついた。目的の村が見えてこず、暗くなった後も歩き続け、午後九時ごろ、ようやく暗闇の海に浮かぶ孤島のような村に入った。地面は牛のふんだらけで、空腹感も相まって、世界の果てに迷い込んでしまったかのような気分になった。

暗闇の中からヘッドライトをつけた車が現れ、私の前で止まった。

「ジャポン？」

声をかけてきたのは、この村のムフタール（村長）だった。どうやらあのジャンダルマから連絡を受け、私を待っていてくれたらしい。私はムフタールの家に案内され、ソロツベは家畜小屋につながせてもらうことになった。

赤い絨毯が敷かれたゲストルームに通されると、縞模様のテーブルクロスの上に茄子のクリームシチュー、トマトとキュウリのサラダ、バター、パンが出てきた。すっかり腹を空かせていた私には、どれもとてもおいしかった。伝統的なイスラム教の家庭らしく、ムフタールの奥さんは一度も姿を見せず、代わりに小学生くらいの息子と娘が配膳と片付けをしてくれた。ムフタールは満足そうな顔で、ソファで文字通りふんぞり返ってそれを眺めている。

私が食事している間、子どもたちは行儀よくソファに座ってニコニコしている。その様子がかわいらしく、私がカメラを取りだすと、二人とも緊張したのか背筋をピンと伸ばした。

村に入った時の絶望的な気持ちから一転して、私はいまお腹が満たされ、かわいい子どもたちに囲まれて談笑までしている。この展開がまるで寓話の世界のようだと私は思った。

チャイは人生の真実

その後も民家に泊まりながら山道を進むと、やがて麦畑に囲まれた平坦な道になった。ところどころにヒツジの群れが見える。突然、マンションが一棟建っていると思ったら、建設中の

〔上〕カッパドキアのオルタヒサル城をバックに。自慢の愛車を撮っているような気分になった。〔下〕陽子さんの「夏の庭」で草をはむ。何でも食べるわけではなく、好き嫌いがあるので、雑草刈りには意外に役立たない。このころは背中がかゆくて木に擦り付けていたために、毛が薄くなっている。

巨大マンション群がキノコが生えてくるように現れた。それがトルコ中部ヨズガット県の最大都市、ソルグンだった。

ソルグンは特に見どころのない町だが、大通りには大きなスーパーやレストランがたくさん立ち並んでいる。それだけでも私にとっては魅力的だった。メルジフォンを出発してから一週間。この町で数日間、羽を休めようと思っていた。

ところが、ホテルに一軒ずつ当たってみると、すべてに宿泊を断られてしまった。ロバをつないでおく場所がない、ロバの鳴き声が周囲の迷惑になるというのが理由だ。そうした反応は予想していたものの、実際に拒まれ続けると、精神的にこたえた。

私は最後の望みをかけて、「オーレトメン　エビ（先生の家）」と書かれた宿泊施設を訪ねた。だが、そこは名前の通り、学校関係者とその家族のみ泊まれる場所だった。

そこで働いている人たちが、私を泊めてもいいか協議してくれたが、結果はだめだった。泊まれないのなら仕方がない。こういう大きな町には、ロバを連れた旅行者に居場所はないのだ。諦めてソロツベと歩きだしたところに、「ジャポネ！」と後ろから声をかけられた。

「寝るところがないんだろ。俺の家に泊まっていきなよ」

振り返ると、髪の薄い五十代くらいの男性が立っていた。先生の家に出前に来ていたチャイハネの従業員で、やり取りの一部始終を見ていたらしい。言葉はあまり通じないが、どうやら彼が昔住んでいた家なら泊まっていいということだった。

その男性、アハメドは私の前に立って歩き始めた。途中、彼の知り合いが続けて話しかけてきて、彼はその都度笑いながら事情を説明した。アハメドは顔が広いらしい。最初に声をかけられた時点ではまだどうしようか迷いがあったが、私は彼を信じてついていくことにした。大通りから家が立ち並ぶ生活道路に入った、住宅街の一角に、アハメドの平屋の旧家があった。日当たりのいい広い庭は芝生がきれいに刈られ、ブドウの木が緑の葉っぱを茂らせている。ソロツベを木につなぐと、さっそく寝転がって砂浴びを始めた。

「水も電気も自由に使っていいから。ゆっくり過ごしてよ」

この家で育ったアハメドは、結婚して三人の子どもに恵まれて家が手狭になったことから、今は近くのアパートで暮らしているという。家の中はソファやテーブル、ベッドなどがそのまま残されていた。仕事を抜け出して私を案内してくれたアハメドは、また夜に来るからと言い残して仕事場に戻っていった。

彼のことをすっかり信用した私は、その夜おそるおそる「もう一泊したいのですが」と切り出した。私が遠慮していると感じ取ったのか、アハメドは優しくほほえみながら、「好きなだけ居てもいい」と言ってくれた。

翌日からアハメドは朝と夜に顔を出し、朝食をつくってくれたり、奥さんと二人の娘を連れてきたりしたこともあった。私たちはいつも庭のテーブルで他愛のない会話をした。

アハメドは一度に三杯以上のチャイを飲む。「一日に何杯飲むのか」と私が訊くと、三〇杯以上だという答えが返ってきた。

「なぜそんなに飲むのですか？」

「チャイは人生の真実」

私には何となく理解できるような気がした。チャイがあることで、私たちは言葉が通じ合わなくても、心は何となく通じ合う。そうしたチャイの不思議さについて彼は話したのだ。

この住宅街は子どもが多く、家の前の通りでよくサッカーやドッジボールをして遊んでいた。彼らは私の存在に気付くと毎日、家に遊びに来るようになった。私はどちらかというと子どもが苦手な方だが、彼らの来訪は決して不快なものではなかった。彼らは右手を胸に当て、「マルハバ、マルハバ」と気持ちのいい笑顔で挨拶してくれる。これまで泊まったどの家でもそうだったが、トルコの子どもたちは実に礼儀正しかった。

そんな子どもたちにも協力してもらい、空き地で刈った草を庭に運んでソロツベに与えたことがある。ソロツベはひたすら食べ続け、三日はもつと考えた大量の草を半日で平らげてしまい私たちを驚かせた。

街での滞在に慣れてきたころ、ソロツベに逃げられそうになる事件も起きた。

ソロツベは庭にずっとつながれているので、ストレスが溜まっているかもしれない。そう思って散歩に連れ出し、空き地で砂浴びを始めたところで手綱を離した。するとソロツベはむくりと立ち上がり、反対側の出口から走って出ていってしまったのだ。
最初は、住宅街の中なのだからすぐに捕まえられると思った。だが平日の昼下がりのためか、人がいない。このまま車通りの多い道路に飛び出したら、ソロツベはひかれてしまうかもしれないと、恐ろしくなった。

　まだ飼い主として認められていなかったことにショックを感じながら、私は追いかけた。本気で走って興奮させないように、こちらはあくまで小走りだ。ところが全然追いつけない。いつもぼけっとしている姿からは想像できないほどロバは足が速いのだ。誰か捕まえてくれと思いながら五分も追いかけっこをしただろうか。外にいた住民が私の声に気付き、挟み撃ちして取り押さえることができた。

　私が首をつかむと、ソロツベは「ブヒヒッ」と鼻を鳴らしてそっぽを向いた。

　三日間過ごしたソルグンを発つ日もアハメドは朝食をつくりに来てくれた。そんなことを期待されていないことは分かっていたが、私は三泊分の金を渡そうとした。だが彼は「旅人はアッラーのゲストだから」と言って受け取ってくれなかった。

「でも」とアハメドは言った。「純粋な興味で聞くが、いくら払おうと思ったんだ？」

　一泊一〇〇リラ払うつもりだったと打ち明けると、彼は「三〇〇リラをもらうより、きみが元気に旅を続けてくれる方がうれしい」と言った。代わりに、日本語でメッセージを残してほしいと紙とペンを渡された。珍しい旅人がやって来た思い出として自宅の壁に飾るのだと言って、彼は優しくほほえんだ。

哀しきソロツベ

町を出ると、北海道の美瑛《びえい》のようななだらかな丘が波のように連なっていた。頭上は雲一つない青空だ。日に日に暑くなり、この日の気温は三〇度を上回った。空気が乾燥しているので、やたらとのどが渇く。運の悪いことに、この日最初の水場は枯れていて、ソロツベは不満そうに鼻を鳴らした。

次の水場で休憩とし、ソロツベの荷物を下ろして草を食べさせていると、車で水をくみに立ち寄った若い父親に声をかけられた。息子をソロツベの背中に乗せて、写真を撮りたいらしい。男の子はやや緊張した面持ちで、父親に乗せてもらった。田舎でもロバを滅多に見なくなったトルコでは、ロバはアトラクションのような存在になりつつあるのかもしれない。

日が暮れてから村のはずれにテントを張った。ソロツベがうるさく鳴き始め、そのたびにどこかにいる別のロバが「ヴァーピーッ！」と呼応するのでうるさくてたまらない。ロバは一日に三時間ほどしか眠らないらしい。それも三時間まとめて眠るのではなく、三〇分横になっては起きて草を食べ、また横になり、食べ……の繰り返し。ごりごりと草をかみつぶす音が断続的に聞こえてくるため、ソロツベの近くで寝ると、真夜中でもたびたび目を覚まされた。

ソロツベは歩きながら道草を食うのが日に日に上達していった。私は穏やかな気持ちで、サクランボをつまみながらその後ろを歩いていく。車が次々と横を通り過ぎていく国道なら一時間歩くだけでもうんざりするが、車通りのない土の道なら気分よく、いくらでも歩けた。ソロツベも気分がいいのか、ふんをぽとぽと落としていく。直線上にきれいに並べるようにふんを落とすので、そのたびに「なんて自由なやつなんだ」と私は思った。

　このころになると、ソロツベの見た目を気にしなくなっていた。いや、よく見るとかわいらしい顔をしている。トルコ人はよく「ロバの瞳は世界で一番美しい」と言うが、たしかに長いまつげと澄んだ目は気品を感じさせる。

　アブディという村に差し掛かった時、数十匹のヒツジを連れたおじさんが、「ロバを売ってくれないか」と訊ねてきた。もちろん売るつもりはないが、興味をひかれて「いくらで？」と訊き返すと、「五〇〇リラ」と答えが返ってきた。

　一リラは約八円だから四〇〇〇円ということになる。ソロツベは若くて体力もあるロバなのに、そんなに安い値段で買えると本気で思ったのだろうか。あきれた私は話にならないと首を振って先を行こうとした。すると、おじさんはいきなりソロツベの尻を蹴った。尻を叩かれることに慣れているソロツベは動じなかったが、私は恐怖を感じて逃げるように村に入っていった。

　その先はしばらく集落がなさそうだったので、住人に、公園にある崩れかけた東屋《あずまや》で寝てもいいか訊ねた。寝るのは問題ないが夜は寒いぞと言う。結局、さっきのおじさんがいた牧草地に案内され、コンクリートでできた六畳ほどの小屋の中で寝られることになった。

昔は人が住んでいたのか、ベッドの骨組みだけが残されており、その上に寝袋を敷いた。コンクリートがむき出しの床にはビールの空き缶がいくつも転がっている。時々、村の若者がこっそり飲みに来るのかもしれない。イスラム教徒が大半を占めるトルコでは、イランと違って政治と宗教を切り離しているのでビールは比較的簡単に手に入る。しかし、こういう田舎では大っぴらに飲むのはやはりはばかられるのだ。

私もビールが飲みたくなり、あらかじめ買っておいた缶を開けた。アーモンドを肴にちびちび飲んでいると、外につないでいるソロツベが開けっ放しのドアから中に入ってこようとする。

「おい！」と叱ると、すごすごと出ていく姿がまたおかしかった。

翌朝七時過ぎ、人の足音が近づいてくるのが聞こえてきて飛び起きた。三人の男が灰色のロバを引いてやって来て、ソロツベをつないでいる杭を勝手に抜こうとしている。

「やめろ！」

昨日、ソロツベを蹴ったおじさんの仲間がロバを盗みに来たのかと思い、私は声を荒らげた。赤いジャンパーを着た男が、「まあまあ」というようなことを言って私をなだめた。相手のロバはメスなのか、ソロツベは耳をつんざくようなすさまじい叫び声を上げた。身も世もないセックス哀願の絶叫だ。陰茎を勃起させ、精液をぽたぽた地面に落としている。ここでようやく事情が呑み込めた。男たちは、自分のロバをソロツベに種付けしてもらおうとやって来たのだ。
自由になったソロツベは間髪いれずにメスにのしかかり、ぎこちなく腰を振り始めた。相手はそれが受け入れるポーズなのか、目を見開き、口をぽっかり開けて、魂を抜かれたような表情になった。だが陰茎は収まるべき鞘に収まらず、精液がぽたぽた地面にこぼれているだけだ。哀しいことに最後は相手に愛想を尽かされ、後ろ蹴りされてしまった。

男たちが落胆の声を上げた。メスロバは二度とソロツベに振り向くことなく、手綱を引かれて村に帰ってしまった。ソロツベはその後ろ姿を茫然と見送りながら哀しそうに鳴き続けた。

私もまた哀しいような、情けないような気持ちになった。出発の準備をしている間も、ソロツベはずっと落ち着きなく動き回っている。その姿は、「何でもっとうまくやれなかったんだ」と悔いているように見えた。

この日は午後から荒れ模様となった。地平線から黒い雲が湧き、向かい風がびゅんびゅん吹き始めた。途端にソロツベはくるっときびすを返し、勝手に来た道を歩き始めた。私はあきれると同時に、こいつは本当に自分の感情に素直だなと感心してしまった。ロバは我慢強い生き物だと私は思っているが、その一方で異性を見たら突進したり、向かい風のような嫌なものに出合ったらすぐに背を向けて逃げたりもする。実に分かりやすい性格なのだ。

やがて雷を伴う雨が降り始めたが、麦畑の一本道には雨宿りできる場所はなく、私たちは黙って歩き続けた。

日暮れどきになって雨はやんだ。夕陽に色づいた麦の穂が風に波打ち、黄金の海のようだった。ソロツベも足を止め、まるで絵画のような風景をじっと眺めている。ソロツベもこの旅を楽しんでくれているといいのだが、と思わずにはいられなかった。

そんなふうにソロツベの強烈なキャラクターに圧倒される日々だったが、旅は穏やかに進んでいった。トルコでも私はアフガン人に間違われることがあったが、イランの時と違い、それが原因で嫌がらせを受けることは一度もなかった。それは、アフガン人の羊飼いの評判が良いことが関係しているのかもしれない。トルコでは近年、ウズベキスタンやアフガニスタンなど近隣国の羊飼いを雇用するケースが増えているそうだが、中でもアフガン人は勤勉でよく働くことで知られていた。

穏やかな気持ちで歩ける理由は、出会う人々が親切だからでもあった。

私は野宿する時、なるべく民家の近くにテントを設営するよう心がけている。そうすることで、万が一、悪漢に襲われても助けを求めることができるからだ。礼儀として挨拶に行くとチャイを出され、打ち解けると食事や一夜の宿を提供されることもあった。

イスラム教の聖典コーランには「旅人を助けよ」という教えがあるという。だが一方で、親切に慣れ切ってしまうと、今日も誰かが助けてくれるだろうと期待する気持ちも生まれてしまう。私はそれが恐ろしかった。旅人であることを売り物にしたくはなかった。

しかし、そう自分を戒めた日ですら、私は土地の住人の厚意に甘えてしまった。近所のおじさんに一声かけ、廃業したガソリンスタンドの草地にテントを設営していると、おじさんが食事を盆に載せて持ってきてくれた。さらに後から別の住人も、焼きトウモロコシと自家製のクッキーを運んできてくれた。私とてその日食べるパンくらいは持っている。しかし、いざ食べ物を与えられると、口にしない方が礼儀を失するのではないかと思えた。

与えられたら素直に受け取り、与えられぬなら、その時は自分で何とかすればいい。そんなふうにして、私の中の気負いは少しずつ消えていった。

同じことは「喜捨」を受けるかどうかにもいえた。ロバと歩いている私はみすぼらしく見えるのか、道中出会う人たちは時々、私に金をくれようとした。

イスラム教では貧しい人々への喜捨は信徒の義務とされる。私に金を渡す行為が喜捨の精神に基づくものなのかは分からないが、私は最初面食らい、断っていた。こちらは別に金に困っているわけではないのに金を受け取るのは、相手をだましているようで悪い気がしたからだ。

一方で、相手は厚意で金をくれようとしているのに、それを断るのも、何となく後ろめたさを感じていた。旅人を助けることで徳を積もうとしているのかもしれず、それを断るのは、単に厚意を傷つける以上のことをしているような気がした。

もらった金はウエイターへのチップにしたり、別の必要としている人に渡したりすればいい。要は、私はバトンを受け取っただけに過ぎない。何度も断るうちにそうした考えが芽生え、私は素直に受け取れるようになっていった。

カッパドキアの日々

今回の旅には、綿密な計画というものはなかった。イランから出発することだけは決めていたが、具体的なルートや期間は白紙だった。ただ、どんなふうに進めていくかはイメージしていた。一週間のうち五日歩き、二日休む。月に一度くらいは観光地にまとまった日数滞在するというものだ。観光地なら宿やレストランがたくさんある。ゆっくり休んでおいしいものを食べることが、旅を続ける一種のモチベーションになるからだ。ただ一つ心配があるとすれば、ソロツベを安全につないでおける場所があるかどうか、ということだった。

トルコで最初の休息地として考えていたのは、国土のほぼ中央に位置するカッパドキア。奇岩群が有名なカッパドキアは、トルコでも指折りの一大観光地である。

途中、ソロツベがイノシシの群れに驚いて暴走するというハプニングがありつつも、カッパドキアに至る峠の頂に立つと、その先には果てしなく続く灰色の大地にぽっこり突き出た山のような台地が綿々と連なり、「赤い河」の名を持つクズル川が走っていた。

そこから急な坂道を下っていくと、観光客と地元の人たちでごった返すアヴァノスの町に入った。人々の視線を感じながらクズル川に架けられた橋を渡り、観光バスやタクシーが行き交う通りに出た。カッパドキアとは、周辺の自治体をまとめたこの地域の通称である。まずはアヴァノスの南、カッパドキア観光の中心地であるギョレメを目指した。

「ロバ、暑がっていますよ」

すぐ横を走っていくバスや車に注意しながら歩いていると、流暢な日本語が右側から聞こえてきた。立派なカーペットショップの前で、ピンク色のシャツを着たおじさんが手招きしている。近づいていくと、「水をご馳走しましょう」と、ソロッツベのためにバケツに水をくんでくれ、私には熱々のチャイを振舞ってくれた。

「日本語を話すんですか？」

「はい、ちょっとね」

白髪交じりのそのトルコ人は、カーペットショップの従業員だった。奥さんが日本人で、日本にも長く住んだことがあるという。

「よく私が日本人だと分かりましたね。他のトルコ人はアフガン人だと思って声をかけてきますよ」

「全然そう見えない。顔を見たら分かりますよ」

この店には日本人観光客がよく訪れることから、日本人の顔立ちや雰囲気がよく分かるのだという。私は思いがけず、日本を発って以来約三カ月ぶりに日本語でいろいろと話をした。

「日本人は騙されやすいから、ここで良い絨毯が買えるよう役立ちたいんです」

日本語で話せることがうれしくて名前を訊くのをすっかり忘れてしまったが、このおじさんはそう言って、私たちを見送ってくれた。

ギョレメではいくつかあるというキャンプ場を一軒ずつ訪ね、ロバ同伴で宿泊できるか訊いてみるつもりだった。ところが、「ロバと泊まれるか心配だ」とツイッターでつぶやいたことがきっかけで、現地在住の日本人女性が「快適に過ごせる場所がある」と連絡をくれ、ギョレメにある乗馬センターで待ち合わせすることになった。

「わあ！　あなたがソロツベ君ね」

その陽子さんという名の女性は、二〇〇四年にカッパドキアで国際結婚し、現地の旅行代理店で経験を積んだ後、三年前に仲間と独立したというエネルギーあふれる女性だった。町の外にある乗馬センターに行くと、ちょうど陽子さんも車で着いたところで、乗馬センターの経営者であるメフメトを紹介してくれた。高校の体育教師だったメフメトは、今はカッパドキアの乗馬界の先生として若い人たちを指導しているという。

「ギョレメはツーリスティックで狡《こす》っからい町だけど、メフメトなら変なことを言い出さないから安心できる」。陽子さんの話通り、メフメトは気前がいい男で、私とソロツベを快く迎えてくれた。

「アルカダシュム・エシェク（私の友達であるロバ）を思い出すな」とメフメトは言った。トルコの国民的シンガーであるバルシュ・マンチョの代表曲で、トルコ人なら誰もが知っているそうだ。トルコ人はソロツベを見ると、一緒に写真を撮りたがったり、餌を持ってきてくれたりすることが少なくなかったが、彼らがロバに親しみを感じているのも、子どものころからこの歌を口ずさんできたからかもしれない。

私は広い敷地の一角にテントを張り、ソロツベは草が豊富にある場所につながせてもらった。初日は「ミサーフィル（神からの客人）」として過ごし、二日目以降は寸志を支払うことになった。私としても、ギョレメには何泊かするつもりだったので、タダより金を払う方が心置きなく過ごせるという意味ではありがたかった。

その日は陽子さんが車でカッパドキアを案内してくれ、夜は観光客が集まるレストランで仔羊のローストや生野菜のサラダ、それにビールをご馳走してくれた。料理もおいしかったが、何にも増してうれしかったのは、日本語で心ゆくまで喋れることだった。

翌朝、まだ空が明けきらない午前五時ごろ、「ゴオオーーー！」という聞いたことのない音にびっくりして飛び起きた。テントから顔を出すと、朝焼けをバックに大空へ上がっていく無数の気球が見える。朝の光を受けて最初は黒っぽく見えた風船部分は、陽が昇るにつれて色鮮やかに姿を変えていった。ギョレメでは気球ツアーが人気だと聞いていたが、まさか発着所の一つがすぐ近くにあるとは知らなかった。音の正体は、バーナーが炎を吹く音だったのだ。

ソロツベの黒いシルエットが、気球の方を向いている。私もソロツベも、気球が空を埋め尽くす幻想的な光景を、ただ茫然と眺めるばかりだった。

トルコでは二〇二二年六月までに新型コロナウイルスの水際対策が撤廃され、ギョレメの街中には観光客が戻りつつあった。私は中華料理店へ食事に行ったり、観光名所である洞穴住居や奇岩地帯へ散策に出かけたりもしたが、大半の時間はソロツベを眺めて過ごした。

ソロツベはいつも草を食べていた。ある程度腹がふくれると、どさっと座り込み、ふーっとため息をつく。この間に体のかゆいところを歯でかきむしったり、鳴き叫んだりする。物思いにふけっているのか、勃起しながら遠くを見ていることもある。モロッコで初めてロバの勃起した陰茎を見た時、あまりの大きさにヘビが巻き付いているのかと見間違えたものだったが、ソロツベも勃起していると遠くからでも一目で分かった。

この乗馬センターには馬がたくさんいた。馬たちの端正な佇まいと比べると、ロバはコミカルで滑稽な存在に見えた。ロバと馬の大きな違いは鳴き声にある。馬には「いななく」という言葉があるように、独特の趣や美しさを感じさせるが、ロバの鳴き声は管楽器が壊れたような、ひどい音なのだ。ソロツベは視界に馬が入るたびにヴァーピーッと鳴き叫んだ。私にはそれが、自分はロバではなく馬になりたかったという叫びにも聞こえるのだった。

メフメトの施設に四泊した後、私はソロツベに荷物を載せ、七キロ離れた陽子さんの「夏の庭」に移った。陽子さんによると、カッパドキアの住人は自分の家とは別に夏の庭を持ってい

ソロツベに次々と草を食べさせるのは楽しくもあった。

ある日、コンテナの中のソファに寝転がりぼんやりしていると、金属が地面に転がるような音が聞こえてきた。まさかソロツベが？　と思って外を見ると、まさに目の前をソロツベが駆け抜けていったところだった。打ち方が甘かったのか、杭が引っこ抜かれてしまったのだ。

私は反射的に追いかけた。この周辺は民家がなく、車もめったに通らないので、他人の助けは期待できない。自分で捕まえるしかない。だが、とっさのことだったために私はサンダルを履いてきてしまい、すぐに両足とも脱げて裸足で追いかけるはめになってしまった。

地面はごつごつしていて、裸足で追いかけるにはむりがあった。四〇〇メートルほど走り、舗装された道路に出た時にはソロツベの姿を完全に見失ってしまった。

ああ、これで旅が続けられなくなってしまった……。

そのこともショックだったが、ソロツベと歩き始めて三週間もたつというのに、いまだに飼い主として認められていなかったことに二重のショックを受けた。

しかも、翌日には日本のメディアから取材を受けることになっていた。トルコ北西部の都市、イスタンブールに支局を置く共同通信の女性記者がツイッターから連絡をくれ、わざわざカッパドキアまで来てくれることになっていたのだ。「ロバに逃げられました」なんて、いったいどんな顔をして言えばいいのか。

ソロツベを見失った道路の木陰では、老夫婦が車を止めて休んでいた。ロバを見ませんでしたか？　と身振り手振りで訊くと、「あっちへ行った」と言う。だが指を差された方角を見に行っても、ソロツベの姿は見当たらなかった。

見失ってしまった以上、やみくもに歩き回って探すのはむりがある。

「エシェク、リュトフェン！」

私は自分の知っている最大限のトルコ語をつかい、その老夫婦に懇願した。私をあなたの車に乗せて、ロバを探してください、と言ったつもりだった。

年配のトルコ人男性に典型的な、つばのない円筒形の帽子をかぶった主人は、私の願いを聞き入れて車に乗せてくれた。しかし、ソロツベが見つかる確率はせいぜい一〇パーセントほどだろう。ソロツベならこの広い丘を自由に駆け回れる。丘の上は起伏だらけで見通しが悪く、車から探すには限度があった。

だが驚くことに、八〇〇メートルほど走った先のT字路で、ソロツベはのんびりと草を食べていた。私が車から降りたのに気付いたソロツベは、杭をカランコロンと転がしながら町の方角に駆けだした。老夫婦の車が私とソロツベを追い抜き、その先で止まった。今回も挟み撃ちすることでソロツベを捕まえることができた。

夏の庭に連れ戻す時、ソロツベは鳴き叫んだ。泣きたいのはこっちだよ、と私は思った。だが、もう少し時間を重ねれば、私のことを認めてくれるようになるかもしれない。いや認めてほしい。私は願うような気持ちで、ソロツベの杭を深く打ち直した。

その日の夜は陽子さんが寿司を買ってきてくれて、ワインとビールを飲みながら語り合った。私がソロツベに逃げられた話をすると、かねてよりソロツベのストレートな感情表現に感銘を受けていたという陽子さんは「ソロツベはいつも瞬間瞬間を生きてるのね」と笑った。

さらに陽子さんは、ソロツベのことを「仏陀みたい」と言った。私には、性欲に支配されたソロツベはむしろ正反対の存在に思えたが、一方で、たしかにソロツベは超然としているところがある。明日のことを心配するなんてことはなく、草を一心に食べているだけの姿などを見ていると、お前にはかなわないよ、と思ったりもする。

翌日は共同通信記者の安尾亜紀さんから取材を受けた。安尾さんには、私のカメラが途中で壊れてしまったので、代わりのカメラをトルコの通販サイトで注文してもらうなど、すでにお世話になっていた。それだけでもありがたいのに、その夜は安尾さんの夫のアルペルさんが経営するホテルに泊まらせてもらえることになった。

見晴らしのいい場所に建つミルストーン・ケイブ・スイーツホテルは、私にはもったいないくらい立派なホテルだった。聞けば新婚旅行で泊まりに来るカップルも多いという。昔の地下住居を利用したつくりになっていて、部屋は広々として家具も凝っている。屋上からはカッパドキアの奇観を一望できた。

アルペルさんはカッパドキアで名の知れた実業家らしい。ホテルに加えてレストランも経営しており、さまざまなトルコ料理を心ゆくまで堪能させてもらった。これまでずっとテントか民家で過ごしてきた私はその夜、実に久しぶりに、心からリラックスして眠ることができた。

直情的な生き物

翌日ホテルで朝食をとった後、安尾さんとアルペルさん、陽子さんの三人に見送られて九日間過ごしたカッパドキアをあとにした。早朝にアルペルさんと散歩に出かけたという安尾さんは、「ソロツベの鳴き声が一キロ先から聞こえてましたよ」とおかしそうに笑った。

カッパドキアではひたすら草を食べていたソロツベは出発する時、名残惜しいのかウォンウォン鳴き叫んだ。観光バスが行き交う大通りを離れ、ブドウ畑の小道に入った。しばらく運動していなかったソロツベは、エネルギーが有り余っているのか、つねに小走りだ。

そのまま先に行かれないよう手綱を短く握りながら歩いていると、不意に私が背負っているバックパックに頭突きをされた。手綱を握っていたら自由に道草を食えないだろ、と言っているようだった。そうだよな、お前の楽しみは道草を食うことだもんな。そう思って手綱を放して自由にさせてやると、ソロツベは首を縦に振ってうれしそうに歩きだした。

カッパドキアの日々のように何日も安穏に過ごしていると、今日の寝床も分からない生活に戻ることが億劫になってしまう。だが、ソロツベにとっては寝床なんてどこでもよく、草さえあれば生きていける。食って休んで寝る。異性を見たら発情する。私はそんなソロツベのシンプルな生き方に強く共感した。

町に入ると子どもたちが「アービィ！（お兄さん）」「ワッツ・ユア・ネーム！」と言いながら近づいてきて、チャイハネの前を通る時は「チャーイ！（チャイ飲もう）」と声がかかる。そんな陽気なトルコ人をやり過ごしながらその夜、村のはずれの空き地にテントを張った。

テントを張る前に、近くの家の主人に断りを入れに行った。了承は得られたが、主人は突然現れたロバ連れの外国人を見て怪訝な顔をした。

テントを設営してしばらくたった後、不安そうな顔の主人が懐中電灯をともし、幼い息子とテントにやって来て、焼き立てのパンケーキと熱々のチャイを差し入れてくれた。私のことで家族といろいろ話し合ってくれたのだろうと思うと恐縮の思いに駆られた。

翌朝、これから畑に向かうのか、村の水場で親子が大量のペットボトルに水をくんでいた。順番待ちしていると、息子が私のペットボトルに優先して水を入れてくれた。礼を述べると、息子は右手を胸に当てる敬愛のポーズをとった。トルコ人の親切は実に気持ちがよかった。

日が暮れかけたころ、スイカをいっぱいに載せたトラックが家に入っていった。その日の商売を終えて帰ってきたのだろうと思いながら家の前を通ろうとした時、大きなスイカを抱えた赤ら顔の奥さんが出てきて、私にくれた。スイカを一玉くれるなんて、ロバを連れていなければ絶対に起こり得なかったことだ。私はその夜、テントの中で半分を食べ、半分をソロツベに与えた。

翌日はサルアウルという村のモスクに泊まった。その日野宿できそうな場所を探していると、白い法衣をまとったエルズルム出身の二三歳のイマーム（イスラーム指導者）が、モスクの休憩室を寝床に提供してくれたのだ。ところが、夜に祈りに来た老人たちが私を見咎めて「アフガン人じゃないのか」と口々に言うので、急に不安になったイマームはジャンダルマに電話をかけ相談し始めた。結局、私はそのまま泊まれることになったが、老人たちの疑り深さに比べて、何の疑いもしないイマームの純粋さに私も心配になった。

朝四時過ぎ、礼拝を呼びかけるアザーンの音声で目が覚めた。これまでも明け方にアザーンを聞くたび、こんな時間にモスクに行く人間が果たしているのかと疑問に思っていたが、思った通り、この時間に来ていたのは新米イマームひとりだった。彼は祈りを捧げる隣の部屋でコーランを朗唱し始めた。韻を踏み、抑揚をつけ、天にも届けとばかりに声を上げる。たとえ職務だとしても、律儀にモスクに来て、誰に見られているわけでもないのに熱心に朗唱する姿と、その美しい響きに、私の心はふるえた。

彼は三〇分も朗唱した後、寝たふりをしている私の傍《かたわ》らにリンゴを一つ置いていった。再び目を覚ますと誰もいなかった。私はイマームに礼を述べることもできず村をあとにした。

さほど急ではない峠道を上っていく。一時間ほどで牧草地が広がる台地に出るとヒツジの群れが見え、きれいな水場も整備されていた。

石のテーブルに荷物をおろし、休憩をとっている時だった。羊飼いのおじさんがぼろぼろの鞍をつけたメスロバを連れてきた。草を食べていたソロツベは、待ってましたと言わんばかりにのしかかった。おじさんはソロツベの一物を手に取り、メスの性器にあてがった。さらに別の羊飼いもメスを連れて参加してきて、一回だけでは不安があるのか、何度も交尾するように仕向けてきた。

私には事態がよく呑み込めなかった。ソロツベはあてがわれるままに壊れたおもちゃのように腰を動かし続けている。最後は力尽き、馬乗り状態からずるずると崩れ落ちてしまった。

このおじさんたちは果たして何者なのか。楽しそうに、しかし鬼気迫る雰囲気で交尾を促す姿に私は恐怖すら感じた。まるで自分の子どもが目の前で犯されているのを見るようだった。

後で分かったことだが、どうやらこれはトルコにおけるロバ事情が関係しているらしい。トルコの羊飼いは、ロバに水や弁当を運ばせている。勝手気ままに動くオスは扱いにくいから、去勢されたオスかメスの方が好まれると聞いた。オスは種付けくらいしか役に立たず、飼っている人もあまりいないため、この機を逃すまいと思って血眼になったのかもしれなかった。

その日のソロツベの性衝動はこれだけでは終わらなかった。

夜、車で通りかかったユセフという名の羊飼いに「寒いだろう」と声をかけられ、彼の家に泊まらせてもらうことになった。

羊飼いの朝は早い。五時ごろに起き、ユセフがソロツベのロープを解くと、ソロツベは彼のメスロバに襲いかかろうとした。すでに腹に赤ん坊が入っているメスロバは慌てて逃げた。ソロツベは追いかける。メスロバに足蹴りを食らいながらも、ターミネーターのような執拗さで追いかける。ユセフの息子が止めに入ったが、ソロツベのあまりの必死さになすすべがない。

　それまでの私なら、ソロツベの女好きに笑っていられる余裕があった。だがこの時、ソロツベの自制心のきかなさに初めて恐れを抱いた。しかし、考えてみれば、ソロツベの旺盛な性欲は若くて青春真っ盛りであることに加え、育った環境のせいもある。もともとロバ牧場の種ロバとして飼われていたソロツベは、メスしかいない、いわばハーレムの中で過ごしてきたはずである。それなのに、このようなただ歩くだけのストイックな旅に連れ出されたことで、欲求不満になるのはむりもないことかもしれなかった。

カンガル犬の恐怖

　カッパドキアを発って五日目、トルコで二番目に大きいトゥズ湖の南側に到達した。チメリイェニという村を過ぎると昨日までの田園地帯とは一変し、草がわずかに生えているだけの平らな荒野が地平線まで続いていた。この先は道もなく羊飼いの家が点在しているだけだが、車の轍《わだち》を頼りに四〇キロ西に歩けば、エメキルという町にたどり着く。

　チメリイェニ村では私のことを心配した村人がジャンダルマに電話し、「この先の犬は狂暴だから別の道を行きなさい」と勧めてきた。でも、私はこれまで何度もカンガル犬に遭遇してきたが、ロバを連れているからか攻撃されたことはない。犬にしてみても、自分より体の大きいロバに立ち向かうにはリスクを感じるのだろう。この道をゆきたいと主張したところ、ジャンダルマはそれ以上とめようとせず、「羊飼いには絶対に近づかないように」とだけ忠告した。

　ところが、この一帯のカンガル犬はこれまでと比べてはるかに獰猛だった。人なんて通らないここでは、犬たちは鎖につながれていない。ずっと遠くに見えていた羊飼いの小屋から、見るからに強そうな三頭が吠えながら猛スピードで走ってきた。いつでも攻撃できるぎりぎりのところまで近寄ってきて、牙をむいて激しく吠えている。

　予想もしなかった展開に、私はすくみあがった。こちらが一瞬でもすきを見せたら、その瞬間に飛びつかれそうだ。ソロツベは恐怖のあまりビービー鳴き叫び、それが余計に犬たちを興奮させた。

「ウオーーーー！」

　私は狂ったように叫んで三頭を威嚇した。雄叫びを上げながら棒をぶんぶん振り回し、石を投げまくった。五分ほどして飼い主である羊飼いの男が慌ててやって来た。

「何をしている？　ツーリストか？　身分証明書を見せろ！」

　助かった、と思ったら、その男は鬼気迫る顔でそう畳みかけてきた。私がパスポートを見せると、男はスマホで写真を撮った。するとほっとしたような顔になって握手を求め、「チャイ飲むか?」ときた。外国人がやって来るはずがないこんな辺鄙《へんぴ》な場所で、時速五〇キロで走る脚力と四トントラックを引っ張る力があり、世界最強ともいわれるカンガルドッグ三頭を威圧する人間に、飼い主の方が恐怖を抱いていたのだ。

その後は気分良く歩いていたら、突然、ゲリラ豪雨に襲われた。大粒の雨に打たれながら一キロ歩くと、みすぼらしい小屋が見えた。オルハンという名の羊飼いが、私が何者なのか確かめることなく雨宿りさせてくれ、熱々のチャイと、ヒツジの骨付き肉を振舞ってくれた。

三〇分ほどで雨がやみ、私たちは再出発した。集中的に降った雨のせいで、轍の道は水浸しになり、粘土になった土がくっつくので靴が重くて仕方なかった。ソロツベも同じように悪戦苦闘しているが、それでも楽しそうに道草を食いながら歩いている。そんな姿を見ていると、ぬかるんだ道も全然大したことがないように思えるから不思議だった。

その日は暗くなるまで歩き続け、ぬかるんだ地面の上にテントを張った。

空が明るみ始めたころ、「カランカラン……」と鈴の音が聞こえてきた。テントから顔を出すと、一〇〇匹以上のヒツジとヤギがまさに目の前をゆっくりと横切っていく。

「アッサラーム・アライクム（あなたに平安が訪れますように）」

羊飼いの男が、私に気が付いてさわやかに挨拶してくれた。

そこから一〇キロ歩き、エスキルに入ったのは昼過ぎだった。安い宿が見つかり、五日ぶりに食堂でまともな食事をとった。ソロツベをつなぐ場所は宿の主人が探してくれ、町工場の倉庫を貸してもらえることになった。しかし、ソロツベは慣れない場所が不安だったのか何度も夜鳴きしてしまい、鳴き声が町全体に響き渡ったので私をはらはらさせた。

　翌日は案の定、町工場の親方からソロツベの鳴き声がうるさいと言われ、倉庫で預かってもらうことを断られてしまった。私はもう一泊するつもりだったので町中の空き地につなぐことになり、ソロツベが盗まれないかと気が気でなかった。だが、この小さな町ではそんな心配は無用だった。道行く人たちはソロツベをなでたり、記念写真を撮ったりしていくだけ。夕方に見に行くと、ソロツベの前にはたくさんのレタスが置かれていた。私のうわさはあっという間に広がり、町のどこに行っても、「おい日本人、ロバと旅しているんだってな」と声をかけられた。

　エスキルを出ると、辺りはいつしか人里離れ、また麦畑が現れ始めた。アクサライ県からコンヤ県への県境を越え、ようやくたどり着いた村で、最初に出合ったのはロバだった。

　ロバはあちこちで放し飼いにされていた。ソロツベは他のロバを見るといつもそうするように、大声で鳴き始めた。すると、向こうにいた体の大きなオスロバが怒ったような声を上げながら駆け足で近づいてきて、ソロツベと鼻を合わせた。

　このオスは村のボスなのか、自分のテリトリーに侵入してきた見慣れぬソロツベに対してガンを飛ばしているように見える。ソロツベは顔を背け、鳴き声は弱々しくなった。明らかに気《け》圧《お》されてしまっている。メスに対してはいつも強気なのに、同性には弱腰になってしまうソロツベに、私は情けなさを感じてしまった。

この時はっきりと、私がソロツベを身内のような存在として見るようになっていることに気が付いた。いつからか、私は親にでもなったかのように、ソロツベに「こうであってほしい」という願望を抱くようになった。異性にはクールに振舞ってほしいが、同じオスにはロバとして負けてほしくない。

「しっかりしろよ」と頭を触ると、思いが通じたのか、ソロツベはブルルッと鼻を鳴らした。

苦難の連続

次の日、事件が起きた。

夕方着いた村で、ある中年の男と知り合った。日本人の女性と結婚して関東地方に一〇年間住んでいたと言い、日本語を少しだけ話せた。離婚して、何年か前に故郷のこの村に帰ってきたという。少しの間話をした後、「うちに泊まっていいよ」と言ってくれたが、私は何となくこの男の態度からいやなものを感じ、断った。

その夜は同じ村のチャイハネの外のベンチで寝かせてもらった。

彼の家、というより小屋は道路を隔てたチャイハネの向かいにあり、深夜まで数人の男たちの笑い声が絶えなかった。私はベンチで横になりながら、不安でなかなか眠れずにいた。笑い声がやみ、ようやく村が静かになったころ、その中年男が泥酔した状態で私の所にやって来た。男はしゃがんでズボンのチャックを下ろすと、自分の一物を咥《くわ》えてくれと言った。私は断った。すると男は黙ったまま、緩慢な動きで、ベンチの周りに置いていたソロツベの鞍とバッグを彼の小屋に持っていき、鍵をかけてしまった。

さらに、木につないでいるソロツベのロープを解こうとしている。こんな時間にソロツベが逃げ出したら面倒なことになる。何をされるか分からない恐怖でしばらく見ているだけだったが、私はソロツベを失いたくない一心で、杖代わりにしていた棒で男の背中あたりを強めに叩いた。男はひるんで動きを止めた。しかし、ここで怪我をさせたらこちらが捕まるかもしれないと思い、それ以上攻撃するのはやめた。

ただ、このまま朝までやり過ごしたら、素面《しらふ》に戻った男がしらばっくれる恐れがある。この男に人望があるとは思えないが、村の人間は素性の知れぬ外国人よりも男の言うことを信じるかもしれない。鞍もバッグも苦労して手に入れたものなので、いま取り返さなくてはならない。

酔っぱらった男はロープを解くのに手間取っている。私は村の通りに出て助けを求めることにした。だが、午前一時を回った村は静まり返って人の気配がまったくしない。驚いたことに、こんな時間にヒツジの放牧から帰ってきた男がいたので助けを求めたが、私を一瞥しただけで行ってしまった。ヒツジを制御するのに手一杯で、言葉も通じない人間の相手をする余裕なんてないのだ。

私はソロツベがまだつながれているのを確認してから、再び通りに出て車が来るのを待った。道路の真ん中に立ち、両手を大きく振りながら最初の車をむりやり止めた。老夫婦は私の話を聞こうとしてくれたが、互いに言葉が分からないので、最後は気味悪がって去ってしまった。五分後にやって来た車に乗っていたのは若いカップルだった。英語が少しだけ通じ、また彼氏がたまたま警察官だったらしく、とりあえず私を車の中に入れてくれた。

その彼氏が警察に通報した後、ソロツベのことが心配でたまらない私は、「酔っぱらいに何をされるか分からんぞ」と止められるのを無視して外に飛び出した。

チャイハネに戻ると、ソロツベも中年男もいなくなっていた。まさか、逃げられたのか？暗闇に目を凝らして辺りを見回すと、少し離れた所にソロツベの姿があった。ソロツベはメスロバのふんの匂いを嗅ぐのに夢中になっていた。そこには夕方メスロバがつながれていたのでソロツベが鳴き叫んでいたが、一途なソロツベはいまだにその子が忘れられずにいたのだ。

ソロツベをつないでいたロープは切られてしまっていた。私は通りのゴミ箱から大量に捨てられていたプラスチックの結束バンドを見つけ、ソロツベの首に何重にも巻き付けて電柱につないだ。これでソロツベがどこかに行ってしまう心配はひとまずなくなった。

しばらく待っていると警察官二人がパトカーで駆け付けてくれた。私に同情してくれるだろうと思っていたら、二人ともなぜか不機嫌で、とげとげしい態度だった。

警官が中年男の小屋のドアを何度も叩いたが反応はなかった。そこで村のムフタール（村長）が呼び出され、中年男の友人の家を案内させた。中年男はその家のベッドで寝ていた。まだ酔っているが、当初と比べるとアルコールがだいぶ抜けている。ぶつぶつ文句を言いながら私に凄みをきかせてきたが、警官に止められ、私の荷物があるはずの彼の小屋に向かった。

ソロツベをつないだはずの電柱を見ると、姿がなかったので、私は慌ててパトカーから飛び降りた。だがそれは単なる勘違いで、ソロツベは別の電柱につながれたままだった。警官は、勝手に外に飛び出た私を大声で叱り、右腕を強くつかんだ。あまりに強くつかまれたので青いあざができ、血がにじんだ。

「お前をコンヤ市に連行して日本へ帰す」

そう言われた時、なぜ彼らが不機嫌なのかが分かった。彼らは、ロバと旅しているという私を妄想に取りつかれた奇人だと思い込み、はなからこの話を信じていなかったのだ。

もし小屋に荷物がなければ、うそをついたとして、本当に連行されるかもしれない。これはまずいことになった。小屋の中には部屋が二つあり、最初の部屋からは何も見つからずヒヤリとしたが、二つ目の部屋で鞍とバッグが見つかった時には心の底からほっとした。警官も「おや」と意外そうな顔を見せ、非友好的な態度こそ変えなかったものの、私の話に耳を傾けてくれるようになった。中年男は、この日本人が先に自分の荷物を盗ったから正当防衛したのだと主張したが、警官はこの男の言うことを信じなかった。

荷物を取り戻した私は、真夜中にもかかわらず根気強く対応してくれたムフタールに心から感謝の言葉を述べた。実は、ムフタールは昨晩、私を家に招こうとしてくれたのに、その家が村から少し遠いという理由で、私は断っていたのだ。だから私の勝手な判断がこの事態を招いてしまったとも言えるのだが、ムフタールはまったく嫌そうな顔をすることなく、「村の人間が迷惑をかけてすまなかった」と謝って私の肩を抱いてくれた。

ムフタールは、男が報復に来るかもしれないからすぐに村から離れた方がいいと忠告してくれた。時刻は午前三時を回ったところだった。私は六キロ先の町を目指して暗闇の中を歩き始めた。途中、後ろからヘッドライトをつけた車がやって来た時は思わず緊張したが、車は止まらず行ってくれた。

一時間半かけてアルトゥネキンという町にたどり着いた時には、空が白み始めていた。私は野良犬にうるさく吠えられながら、広場のベンチに腰を下ろして体を休めた。

そこに作業服を着た若い男が通りかかり、何をしているのかと声をかけてきた。彼は夜勤明けの電力会社の作業員だった。もう一人の同僚もやって来て私をオフィスに案内し、ソファで休ませてくれた上に、十分すぎるほどの食べ物を買ってきてくれた。

夜が明けきったところで二人に礼を言い、再び歩き始めた。ソロツベも疲れているだろうに、文句も言わず、草にも目もくれず歩いてくれた。

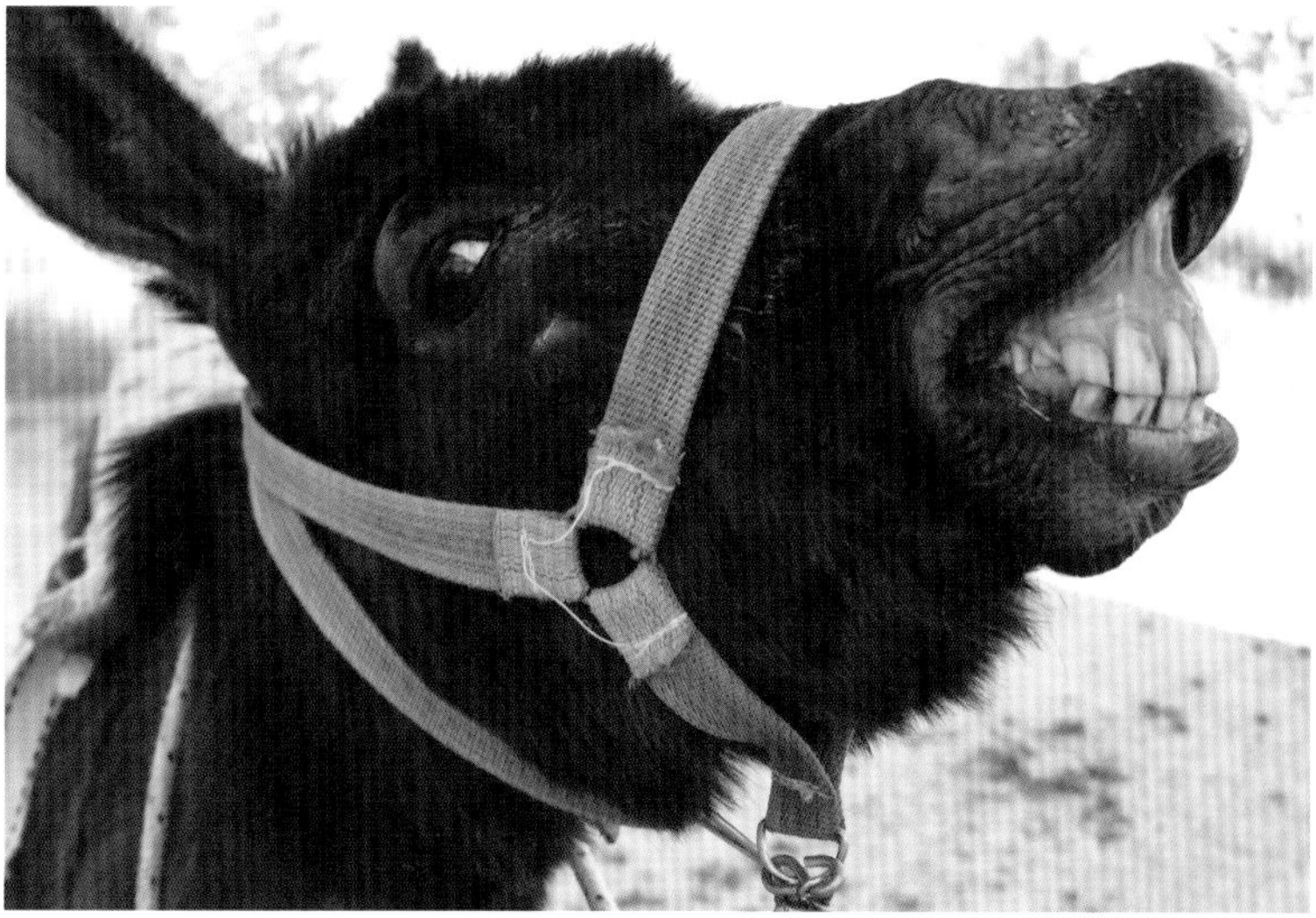

〔上〕カラハユット村にて、ソロツベと私のツーショット。〔下〕ロバや馬のふんを嗅いだ時に見せる「フレーメン反応」。歯と歯茎をむき出しにして、笑っているようにも見える。

郊外のガソリンスタンドを過ぎたところに大きな公園があり、東屋が何棟か建っていたので、そこで一休みすることにした。公園に居ついているらしい野良犬が狂ったように吠え、それに反応するようにソロツベが鳴き叫んだ。

それにしても、と私は思った。あの中年男は日本人と離婚したと言っていたが、原因は酒に違いない。日本にいた時の奥さんの苦労が私にはとてもよく分かる気がして、強い連帯感を抱きながら眠りに落ちていった。

数時間横になった後、なおも中年男からの報復を恐れて、無人の道を前へ前へと歩き続けた。昼過ぎに村に入った。村のはずれで気持ちのよさそうな日陰を見つけたので、アイランを飲みながら休憩することにした。アイランはヨーグルトに水と塩を混ぜた飲み物だ。暑い日に冷たいアイランを飲むと元気が出るので、村に入ったらよく買っていた。

そこに二人の老人が近づいてきて、パスポートの提示を求めてきた。先の事件で心がささくれ立っている私は、挨拶もない威圧的な態度に嫌気が差し、断った。

すると、一人がいきなり、私にスマホのカメラを向けた。思わず両手で顔を隠したら、もう一人にむりやり手を押さえられた。夜通し歩き続けた私の身なりは、彼らの目には浮浪者のように映ったのかもしれない。しかし、トルコでは「まずはチャイ」ではなかったのか。

逃げるように村を離れ、その日は夕暮れどきまでに四五キロ歩き、人里離れた大きな沼のそばにテントを張った。

翌朝、テントから顔を出すと、ソロツベは静かにたたずんでこちらを見ていた。私の心情を見透かすような、優しさにあふれた目をしている。なんて心強いのだろう。お前はいつも素面だ。人間のように酔っぱらったり、悪だくみをしたりしない。お前なら、私は一〇〇パーセント信じられる……。

二日後、午後から雨が強く降り始め、通りかかった集落のバス停で雨宿りをした。バス停に入れないソロツベは、外でじっと耐えている。こういう時、ロバというのは本当に強い生き物だなと思う。

五分ほどして、背の高い、革のジャケットを身にまとった老人が現れて、食事しに来ないかと声をかけてきた。私はこの老人の人当たりのよさに釣られて、ついて行くことにした。

畑に囲まれた広い空き地の一角に、白い天幕がいくつも並んでいた。ここから八〇〇キロ南東の都市、シャンルウルファから一族約三〇人が一カ月の間、農家の出稼ぎに来ているのだという。私はテントの中に案内され、野菜がたっぷり入ったサンドイッチをご馳走になった。

メフメトという名のこの老人は、人をもてなすことが好きそうな、絵に描いたようなムスリムだった。私のずぶ濡れのジャケットを見ると、自分のものを貸してくれたり、私が手を拭こうとティッシュを取り出したら、息子に命じてわざわざキッチンペーパーを持ってきてくれたりした。こうした細やかな心遣いがうれしかった。人を傷つけるのが人なら、人を元気づけるのもまた人なのだ。

ところが、一度あることは二度あるらしい。

事の始まりは、アリーと名乗る青年との出会いだった。その日はカドゥンハヌという町に泊まるつもりだったのが、ホテルはどこも満室で断られてしまったために、さらに歩いて夕暮れどきに村に入った。公園で野宿しようかと様子をうかがっていたところを、車から声をかけてきたアリーは私を「ミサーフィル（神からの客人）」として、古い空き家の一室をその晩の寝床として案内してくれた。

アリーは母親がつくったという夕食を盆に載せて運んできてくれ、彼のウズベク人の友人と一緒に三人で食べた。その後、この地域に出稼ぎに来ているウズベク人やアフガン人ら一〇人くらいがバイクに乗って次々にやって来て、輪になっておしゃべりを始めた。どうやらこの空き家は、若者たちのたまり場として使われているらしい。

若者たちはいつまでもチャイを片手におしゃべりに興じているので、日付が変わるころ、私はアリーに「もう寝たい」と申し出た。話の腰を折ってしまって申し訳なかったが、若者たちは不平を言わずに帰ってくれた。

しばらくしてアリーが一人で戻ってきた。酒を飲んできたらしく、顔が赤い。へらへら笑いながら私の手をさわり、マッサージするよう迫ってきた。最初に会った時に感じた好青年の面影はどこにもなかった。ここで応じれば、体を求めてくるかもしれない。その場では何とかなだめて、部屋から出ていってもらった。

この時点でここを出た方がいいと思ったが、深夜である。一応、部屋は内から鍵をかけられるので、そのまま一晩過ごそうと考えた。ただ、アリーがまた戻ってくるような気がしたので、私はしばらくの間起きていた。数十分後、誰かがやって来た気配がした。外からは鍵を開けられないのでしばらく無視していたが、家畜小屋にいるソロツベのことが心配になってきた。ドアを開けて外の様子をうかがった。外の階段にビール瓶を手にしたアリーがいた。今度はべろんべろんに酔っぱらっていた。

アリーは私の腕をつかみ、部屋の中に入りたがった。私が叫ぼうとすると、彼は怒ったようにシーッと口に指をあてた。彼だってことが表立つのを恐れているのだ。何度かこのやり取りを繰り返していると、アリーは突然、腰に隠していたピストルを取り出した。私は本物のピストルを見たことはないが、重量感のあるそれは紛れもない本物だった。

スライドを引く乾いた音が鳴り、私は銃口を向けられた。私はなおもアリーをなだめながら、一瞬のすきを突き、階段から転がり落ちるようにして外に飛び出した。一番近くの家の扉をバンバン叩いた。二階の窓から顔を出してくれた主人に必死に事情を説明した。

現場についてきてもらうと、アリーの姿はなかった。私の荷物は部屋に置きっぱなしになっており、ソロツベも無事だった。

主人はいまいち私の話を信じていないようだったが、安全な場所として別の空き家を紹介してくれた。しかし、塀に囲まれた場所は落ち着かないので、私は当初野宿しようと考えていた公園に移動して夜が明けるのを待つことにした。この時ほどソロツベに鳴かないでくれと思ったことはなかった。だがソロツベはお構いなく絶叫した。アリーにばれるのではないかと、殴ってやりたくなった。村を出ることも考えたが、アリーは車を持っており、村の外で襲われたらそれこそ助けを求められないので、ここにとどまる方がましだと思った。

しばらくして青色の回転灯をつけたジャンダルマのパトカーがやって来て、公園の前で止まった。さっきの主人が私を不審に思って通報したのかもしれない。私はパトカーに近づいていった。車から降りてきた憲兵によると、村にいるはずのないロバの鳴き声がすると、公園の前の民家から通報を受けたのだという。村の責任者として初老のムフタールも呼び出されていた。

憲兵の一人は英語を話すことができ、私の説明に真摯に耳を傾けてくれた。アリーの写真を見せ、この男にピストルで脅されたと話すと、本当はそうしてほしくなかったが、ムフタールが彼を連れてきた。アルコールが多少抜けたアリーは、真面目な顔で、「(私のことを)泥棒だと思った」と説明した。ジャンダルマは彼の言い分を信用しなかった。あとで私に「我々には証拠がないからどうすることもできないんだ」と言って肩をすくめた。結局、私は村の寄合所のような小屋に連れていかれ、そこで朝まで過ごせることになった。

ムフタールは私を気遣って、起きたら一緒に朝食を食べようと誘ってくれたが、一刻も早く村を離れたかった私は約束を反故《ほご》にし、外が明けきるのを待って七時に出発した。

しかし、この話にはまだ続きがあった。

二時間ほど歩いたところで、後ろから急にクラクションを鳴らされた。振り向くとそこには車に乗ったアリーの姿があった。心臓が口から飛び出しそうになるほど驚いた。私が条件反射的に「ノー！」と叫ぶと、アリーは苦笑いを浮かべた。助手席に乗っていたウズベク人の友人は昨夜の事件を知らないのか、どうしたんだよと首をすくめている。意図的に追いかけてきたわけではなさそうだったが、それでも報復を恐れた私は道路を外れ、常に後ろを警戒しながら、どこに出るかも分からない農道を突き進んだ。

その日は八時間かけてウルグンという大きな町まで行き、郊外のホテルに泊まった。アリーが私のことを探し回っているかもしれないと思うと、翌朝も出発する気になれず、結局二泊することになった。

今回のように、知らない人から声をかけられた時の対応はいつも難しい。世の中は親切な人が多いと思っているが、すべてではない。こちらの見込み違いで、相手が悪意を持っていると思ったら引き返す準備はしているが、私はアリーの人柄や物腰などから直感的に、ついて行っても大丈夫だと判断してしまった。

実際、最初は親切心から声をかけてきたのだと私は考えている。最初から悪だくみを企てていたなら、私がカメラを取り出した時、記念写真なんて応じなかったはずだ。食べ物に睡眠薬を盛ることもできただろう。私には、あの中年男の時と同じように、酒が彼を変えたとしか思えなかった。

この二つの事件は、いずれもコンヤ県の村で起きた。トルコでは、コンヤはイスラム保守の牙城ということになっているが、保守的な地域ほど葛藤を抱え、鬱屈してしまった人間が多いのだと、あとで指摘してくる人もいた。

ホテルを出た後も、アリーが追いかけてこないか心配が続いた。彼の白い乗用車はトルコでよく見るタイプだったので、似た車を見かけるたびに目を凝らしてナンバーを確かめ、違うと分かればホッとする、ということを繰り返した。

道端では弾痕のついた標識をよく見かける。それはトルコでは見慣れた光景だった。地元の人の話では、村人が射撃技術を磨くために練習台として狙っているだけだから心配ないということだったが、実際にピストルを向けられた直後だけに不気味に感じられた。

アリーにせよ、ほかの人間にせよ、私が襲われるとしたら、村と村の間の民家もない道が最も可能性が高い。ただ、そんな道でも畑仕事に出ている人はわりといて、そんな普通の人々の営みにとても勇気づけられた。

羊飼いや牛飼いが点在する深い森を二日かけて抜け、最後に丘をひと登りすると、眼下に広々とした平野が開けた。もう七月も間近だというのに、頂上に雪をいただいた山塊が遠くに鎮座し、その麓には紺碧に輝く湖が見えている。

この丘はコンヤ県とウスパルタ県の県境でもあった。

トルコ南西部のウスパルタ県は、標高約一〇〇〇メートルの大地に大きな湖が点在し、トルコの「湖水地方」と呼ばれる風光明媚な土地だと聞いている。

その夜はウスパルタに入ったことを記念して一人で酒盛りをしようと思い、湖畔で野宿する準備をした。だが車の通行人に通報されてしまい、結局、ジャンダルマに防犯カメラがある街中の駐車場に連れていかれ、そこにテントを張ることになった。私はビールを飲むつもりだったのに、チャイハネのウエイターが気を利かせてチャイを持ってきてくれたので、仕方なくチャイで祝することになってしまった。

夏の遊牧地

ウスパルタでは行ってみたい場所があった。

一九七九年からトルコの遊牧民（ユルック）の一家族と一年間生活を共にし、その暮らしぶりを描いた民族誌『遊牧の世界』（平凡社ライブラリー）。二十代の時にこの本を読んだ私は、強く感銘を受けた。著者の松原正毅さんが夏を過ごした遊牧地が、ウスパルタのアナマス山塊だったはずだ。松原さんは、ユルックにとってつらいことも多い遊牧生活の支えになっているのは「自由」の感覚で、特に夏の遊牧地ヤイラに上がった時の解放感は何ものにも代えがたい、と書いている。

　この一節を読んだ時、青草に恵まれた草原を羊飼いがゆっくり歩いていく光景が目に浮かんだ。トルコ語で高原を意味する「ヤイラ」。なんて美しい響きだろう。当時ですらユルックはすでに減少の一途をたどっていたというから、今もそこで遊牧生活を続けているとは限らない。それでもウスパルタに行く機会があれば、ぜひヤイラを訪れてみたいと思っていた。

　翌日はベイシェヒル湖の北側に沿って歩き、立派なモスクが建つ村を通り抜けると、ヤイラに続く砂利道が山に向かって延びていた。そこに、村の方からジャンダルマのパトカーが追い付いてきた。さっき村人からチャイに誘われたのに、先を急いで断ったために通報されたのかもしれない。いつもならパスポートを見せるだけで見逃してくれるが、今回は荷物をすべて出すよう指示された。年かさの隊長は塩を指につけて舐めてみるほどの念の入りようだ。

「この道は危険だ。引き返してアスファルトの道に戻った方がいい」

　私の身の潔白が証明されたところで、隊長があまり気乗りしない提案をしてきた。この先はオオカミが出る。ひとりでは行ってほしくないという。

「山の上にはチョバン（羊飼い）はいますか？」

　私の質問に、パトカーに同乗していたムフタールが「たくさんいる」と答えた。

「それなら私は大丈夫です。今夜は彼らの家に泊めてもらいます」

本当にそうなるかはその時の成り行き次第だが、私がそう言うと、ジャンダルマはそれ以上止めようとはしなかった。前回もジャンダルマの警告を無視したことで、結果的にカンガル犬に襲われかけている。自分はなんて迷惑な旅人なのだろうという思いが頭をかすめたが、どうしてもヤイラを訪れてみたかった私は、このまま行くことにした。

火山性の黒い岩がごろごろ転がるガレ道を三時間かけて上りつめると視界が開け、青草が茂った平坦な場所に出た。標高二〇〇〇メートルの空気。下界を離れた山の上で吸い込んだ空気はひんやりと冷たかった。ところどころ木立の間から白い天幕が見え、地面にはヒツジの丸いふんがころころ転がっていた。

徐々に陽が暮れゆく中で、前方からヒツジの群れを追う男の声が流れてきた。歩みを進めると、四十代くらいの羊飼いが二人、立ったままこちらを見ている。一人はオオカミを追い払うためのライフルを担いでいる。

「アッサラーム・アライクム（あなたに平安が訪れますように）」

私が挨拶すると、男たちの顔は和らいだ。

「ワ・アライクム・サラーム（あなたにも）」

言葉はほとんど通じないが、二人とも人のよさそうな顔をしている。ライフルを担いでいない方の男と向かう方角が同じだったので、途中までついていくことにした。

男は人間の声とは思えない不思議な呼び声を投げると、一〇〇匹以上のヒツジが一つの塊になって、ゆっくりと西へ移動し始めた。

一五分ほど歩いたところに手押しポンプの井戸があり、男の勧めもあって今夜はここにテントを張ることにした。オオカミのことを訊くと、ここには来ないから心配ないという。

西日を受けポンプを押す男の顔が赤く染まっている。男はヒツジに水を飲ませた後、じゃあなと言って去っていった。ここでは『遊牧の世界』にも登場する夜間放牧が今でも行われているらしい。本と違うのは、彼はユルックではなく、麓の村の羊飼いだった。夏の間だけ、草が豊富なヤイラにあがり、家族と天幕で生活する。今ではここにユルックは一人もいないのだと彼は言った。


翌朝テントから顔を出すと、ひんやりと冷たい空気の中で、ソロツベがのんびりと草をはんでいた。朝日に照らされた草地がオレンジ色に染まっていく。しばし見とれていると、黒い牛が四頭、こちらに向かってのっそり近づいてくる。井戸の水を飲みに来たらしい。向こうに牛飼いが住んでいるのか、木立の間から一頭、また一頭とやって来る。水を飲むと、来た道を戻ってゆく。そんな自由な牛の姿は、早朝の静謐《せいひつ》なヤイラの雰囲気と相まって美しかった。

テントを撤収して歩き始めた。陽が昇ってくると風が吹き始め、その風に吹かれていると歌を口ずさみたくなる。路傍には、岩を突き立てただけの墓標がいくつもあった。多くは何も書かれていないが、名前や亡くなった年が刻まれているものもある。昔のユルックの魂がここに眠っているのだろうか。私が見た一番古い墓標は一七世紀のものだった。

ヒツジを率いた壮年の男がこちらに歩いてくるのが見えた。肩のライフルを見て少し緊張したが、相手は快く挨拶してくれ、コンクリートブロックの家に招いてくれた。

家の中には彼の奥さんと母親がいた。私は美しい模様が入った絨毯の上に座らされた。女性陣は外国人の突然の来訪にも驚いた様子はなく、にこにこしている。この男は私についてどんな説明をしたのだろう。私たちが交わした言葉といえば、ただの挨拶だけなのだ。すぐそこにロバを連れた兄ちゃんがいたから連れてきた。それだけの説明で二人は納得したのだろうか。

「このヤイラはいいところですね。空気も澄んでいるし」

私がそう言うと、男は「ここには電気もあるし、水もあるから」とうなずいた。

私は、薄いナンにバターを塗ったサンドイッチとチャイをご馳走になった。

牛やヒツジの群れを横目で見ながらガレ道を下り続けていくうちに、ずっと向こうに海のように青いエイルディル湖が見えてきた。その日は見晴らしのいい岩場で野宿した。居心地が良いのかソロツベは珍しく一度も夜鳴きしなかったが、私はノミを拾ってしまったらしく、一晩中体がかゆくてあまり眠れなかった。

翌日、湖のほとりにあるエイルディルの町に入った。動物園の前で、ソロツベがシカのオブジェに発情し、荷物を振り落としながらのしかかった。しかも検問中の警察官がいて、手の空いている警官が面白がってビデオを撮っている。私は恥ずかしく思いながらも、こうした間抜けにも見える姿が、ロバが世界中で愚か者扱いされてきた所以なのだろうと思ったりもした。

エイルディルでは家族経営の小さなホテルに四泊した。そのホテルには数日前に予約のメールをして一度は返信をもらったが、ロバの同伴が可能か訊くと返事はなかった。だが実際に行ってみると、経営者夫妻は「本当にロバと来たのか」と面白がり、ホテルの向かいにある空き家の主に連絡してソロツベを庭につながせてくれた。

葛藤

このころから、ソロツベとの別れを意識し始めた。

私はこれからエーゲ海に突き出たチェシュメという港町を目指し、フェリーでギリシャへ渡ろうと考えている。

できればソロツベと一緒に行きたい。歩き始めた当初はトルコだけを考えていたのに、さらに遠くへ行きたいという思いが強くなっていた。

イランの時と違い、今回は準備する時間があった。まずはロバと一緒に国境を越えられるのか確かめねばと思い、ギリシャの担当省庁にメールで問い合わせた。意外にもすぐに返事があり、丁寧な文面で「どんな書類を持っているのか」とあった。

私は「何も書類はないが、どうすればいいか」と訊き返した。すると何日待っても返事はなかった。その後も二度、角度を変えて質問してみたが、いずれも答えはもらえなかった。縁があってギリシャ人記者を通じて港湾当局に確認してもらったが、特別な許可が要るという以上のことは分からなかった。

どうしてもソロツベと行くというなら、ワクチン接種などを行って必要書類もそろえ、結果的に追い返されることを覚悟の上でフェリーに乗り込むことになる。

しかし、追い返された場合のことを考えると私の気持ちは揺れた。

もし国境を越えられなかったらどうなるか。最低限の責任として新しい飼い主を見つけなければならない。すぐに見つかるだろうか。一般の日本人観光客がトルコに滞在できるのは三カ月。私に残された時間はそう多くはない。

フェリーではなく、陸路であればまだ可能性はあったかもしれない。ギリシャの担当者は最初のメールで、ギリシャ側の国境の町ペプロスに唯一の動物検疫所があると言っていた。獣医が採血し、必要ならワクチンを打ち、しばらく様子を見て問題がなければ通過できるかもしれない。だが、ここからペプロスまで歩いていくとなると、確実に時間切れになってしまう。

ソロツベと一緒に行きたい。だが、行けないかもしれない。だがうまくいけば一緒に国境を越えられるかもしれない。だがもしうまくいかなかったら……。

何度も「だが」を繰り返し、結論を見出せぬまま堂々めぐりを続けた。

結局、ソロツベとはトルコで別れることに決めた。ソロツベの行く末を考えると、リスクを冒すより、いま確実に新しい飼い主を見つけておいた方がいい。

真っ先に頭に浮かんだのは、ロバ牧場に種ロバとして譲渡することだった。大の女好きであるソロツベにはぴったりに思えるし、種ロバなら厳しい労働を課されることもないだろう。

インターネットでエーゲ海に近いロバ牧場を探し、共同通信の安尾記者らに協力してもらって連絡を取ってみた。最初に当たった牧場では、今は妊娠中のメスが多いので、新しいオスが来たら静かな生活が乱れるとして断られた。「一〇〇〇キロ以上歩いた元気なオスですよ」と食い下がると、「そんな元気な子はますますダメだわ」ということだった。

受け入れてもいいと言ってくれたのは、トルバルという町の牧場だった。その時から私たちの目的地はトルバルに変わった。

ソロツベは庭の柔らかい砂が心地いいのか、横になってうとうとしている。私が手を差し出すと、柔らかい口先ではむはむ噛んで甘えてくる。食べ物をねだろうとしたのか、私の太ももに噛みつこうとしたので顔をはたくと、拗ねたように顔を背けてしまった。

エイルディルを発って幾夜か野宿を重ねていくと、濃い紫に色づいたラベンダー畑がそこかしこで見られるようになった。町おこしとして栽培されているのか、「ラベンダーの道」と書かれた案内板がたびたび現れる。さらにプラムや杏、サワーチェリーなどの果樹がほとんど途切れることなく続いた。まさに今が旬で、村の女性たちが総出で収穫に励んでいる。バケツ一

〔上〕アナトリア通信の取材でトルバル郊外を歩く。©Anadolu Agency〔中左〕トラクターの荷台に乗った女たち。〔中右〕トウモロコシ畑を行く。〔左下〕エスキルへの道で遭遇したヒツジの群れ。〔右下〕旅の終わりに参加した男子の割礼式。白馬にまたがった少年が主役。

エーゲ海に続く道の最後の峠越え。ここから少し下りたところにサクランボの木があり、一緒につまみ食いをした。

杯分の杏をくれたりするので、ソロツベのバッグの中はたちまち満杯になった。

　ある村のチャイハネの前を通った時、英語を話す元教師と獣医のおじさんに声をかけられてチャイをご馳走になった。二人が言うには、この地域ではヒツジ一匹が三〇〇〇リラ（二四〇〇〇円）で取引されるらしい。

「ロバよりずっと高いですね」

「ロバはヒツジと違って何の役にも立たないからな」

　この農村でも昔はみんなロバを飼っていたが、二〇年ほど前にトラクターに取って代わられ、ロバは「絶滅」したという。

　ロバを見たことがある人はきっと、「なんて哀しげな顔をした動物だ」と思うだろう。人類の歴史において重要な労働力源となってきたのに、愚か者扱いされ、人間の都合で役立たずの烙印を押された哀しい歴史を背負っているからだろうか。

　しかし、私にはそのしょんぼりした顔が、世の中を諦観し、悟りを開いた人の顔のように見えてくる時がある。

　徐々に標高を落とし、気が付くと海抜二〇〇〇メートルを切った。メルジフォンを出発して以来歩いてきたアナトリア高原は、何の感慨もないまま終わってしまった。

　今なら私が立ち止まると、ソロツベも立ち止まる。私が前を歩いてもついてきてくれる。旅を始めたばかりのころなら私などお構いなしに草を食べ始めたはずだが、ようやく飼い主だと認めてくれたらしい。

　刈り終わった麦畑が一望できる小さな峠で、フランス人サイクリストのカップルとすれ違った。お互いにこんな場所でツーリストに出会うとは思っておらず、女性の方は私を見て「羊飼いだと思ったわ」と驚いてみせた。地元の人間からアフガン人の羊飼いと間違われることはままあったが、外国人からもそう言われたことで、ロバの主人としての貫禄が出てきたのかと思ってうれしくなった。


　ボズクルトという町のホテルに二泊し、麦畑やオリーブ畑で野宿を繰り返した。やがて七月だというのに雪山のような景色が目に飛び込んできた。その正体は、炭酸カルシウムを含んだ温泉が長い年月をかけて造り上げた石灰棚だった。この石灰棚と、ローマ帝国の都市ヒエラポリスが世界遺産に登録されている。

　観光客らの好奇の目線を感じながら、土産物屋やレストランが並ぶパムッカレの町を過ぎ、この日は隣村のカラハユット村のホテルにチェックインした。この村はパムッカレと違って大した観光名所はないが、どのホテルも鉄分豊富な温泉を引いている。私の部屋のバスタブでも蛇口をひねると、赤みを帯びた熱々の湯が勢いよく飛び出した。

　雑木林の中につないだソロツベは居心地が良くないのか、真夜中にたびたび鳴き叫んだ。叫び声は二〇〇メートル離れた私の部屋にも届いた。翌朝、宿泊客が朝食をとるテラスでは、幼い子たちがソロツベの鳴き声を楽しそうに真似している。ホテル側も宿泊客も誰も文句を言うことなく、むしろ朝食で余ったスイカや野菜をソロツベ用にバケツ一杯に入れておいてくれたのがありがたかった。

カラハユット村には三泊し、正午前に発った。雲一つない空を太陽がじりじりと横切り、私たちを容赦なく照りつけた。アナトリア高原では夜、急速に冷え込むので寝袋を引っ張り出すことも多かったが、近ごろは明け方まで暑くて寝苦しい。冬毛でぼさぼさだったソロツベも今では大半が夏毛と入れ替わり、明らかにたくましい顔つきになった。前の飼い主に叩かれて禿げあがっていた尻もすっかり生えそろった。

ふとソロツベに乗ってみたい衝動に駆られ、背中に飛び乗った。ソロツベは動ずることなく、耳に汗をにじませながらスタスタ歩いた。歩くたびに視界が上下し、それは揺りかごで揺られているような懐かしい心地よさだった。

「ロバが旅に出たところで馬になって帰ってくるわけではない」

西洋にはこんなことわざがあるという。利口でない者が旅に出ても、本質は簡単に変わるものではないことのたとえだそうだ。だが実際にロバと旅した者には、半分は正しいが半分は間違いだと分かる。ロバはたしかに馬にはならない。だがこうして乗ってみると改めて分かるが、

すっかり夏毛に生え変わり、凜々しい顔になった。たしかにロバは旅に出ても馬にならないが、馬の顔に近づいたように見える。

しっかりとした足取りで私の旅を支えてくれている。

ずいぶん頼もしくなったな。そんなことを考えながら歩いていると、トラクターに引かれたヒトコブラクダとすれ違った。その瞬間、ソロツベはひと鳴きし、手綱をぐいぐい引っ張って追いかけようとした。相手はソロツベより体が倍くらい大きいが、それでものしかかろうとするのがソロツベだ。私が頭をはたいて止めると、ソロツベははっと我に返ったような顔をした。さすがにその時は、お前は旅に出ても何も変わらなかったなと思ったりもした。

四日後、並木の緑が美しいナジッリという町に入った。人口一〇万人を擁する町だけに交通量が多く、私たちは歩道を歩く。植樹枡《ます》には青々とした草が生い茂っている。ソロツベが、手綱をぐいっと引っ張って植樹枡に口をのばし夢中になって食べ始めた。ヒツジやヤギが放牧されている土地はライバルが多いので草も食い散らされているが、ここではソロツベの独擅場だ。

ただ、街には私たちの居場所はない。レストランの前でソロツベがふんをぼとぼと落とすと、ウエイターから文句を言われながらちりとりを渡された。その時、自分たちが場違いなところにいるような気持ちになった。

名前の意味

ナジッリを出ると、エーゲ海地方のイズミル県に入った。海に向かって延びる幹線道路を歩いてゆけばトルバルにたどり着くが、交通量が多いのをきらって狭くて急な山道のコースをたどることにした。

オリーブの道とでも名付けたくなる景観だった。山の斜面は見渡す限りオリーブの木々で埋め尽くされ、吹き抜ける風まで明るい緑色を帯びているように感じられる。これまであまり見なかったザクロの木も目立ち始めた。

六時間かけて峠にたどり着くと、そこから見下ろす大地は白いもやに包まれていた。

近道になりそうな荒れ果てた小道を見つけて少し下ると、古い一軒家がぽつんと建っていた。塀はなく雑草が生え放題になっている。人が住んでいる気配はない。それなのにこの場所が魅力的に映ったのは、三本あるサクランボの木に、黒や黄色に色づいた実がたわわに実っていたからだ。一つもぎってみると、甘くておいしい。一度も収穫されていないらしく、腐っているものも多かった。どうせすべて腐らせてしまうならと思っていたら、ソロツベはもう地面に落ちたものをむしゃむしゃ食べている。それを見た私も食べ始めたら止まらなくなった。

夜は標高一四〇〇メートルの見晴らしがいい場所にテントを張った。周りに民家はないのに、そう離れていない場所から時おり重低音の音楽が聞こえ少し不安な一夜になった。途中で聞こえてくる方角が変わったことから、夜間放牧している羊飼いがいたのかもしれなかった。

ティレという町で一泊し、目的地のトルバルまで五〇キロを切った。しばらく幹線道路を歩いていたが、すぐ横を車が猛スピードで通り過ぎていくので、たまらず農道に逸れた。畑ではスイカやメロンが収穫期を迎えていて、手の届く距離にごろごろ転がっている。ティレに宿泊した時は、ちょうど週一回のバザールが立つ曜日にあたり、果物や野菜、日用品を求めて近くの村や町から来る人々でにぎわっていた。どれも日本の物価から考えると信じられないほど安い値段で売られていたが、とりわけ目を引くのはスイカだった。大きなスイカが一玉二五リラ（二〇〇円）。それでも安いのに、バザール全体が店じまいを始める夕方には値札がひっくり返されて一五リラになった。驚いたことに、たった五リラ、四〇円で叩き売りしている店まである。まったく、エーゲ海というのはなんて豊かなのだろうと思ったが、いま目の前に無数に転がっているスイカを見ると、どうりで安いわけだと納得させられる。

　トウモロコシも盛んに茎をのばしていて、トラックからこぼれ落ちたものがいくつも道に転がっている。ソロツベはそのたびに足を止め、芯まで食べてしまう。

　そんなソロツベの姿を見て、こんなことを考えた。

　ソロツベは旅に連れ出されたことで、これまでの人生、いやロバ生では考えられないほどおいしいものを食べている。私からは毎日十分な麦を与えられ、道端にはみずみずしい草があり、スイカやトウモロコシといったご馳走にもありつける。これまで二度脱走しようとしたが、今では逃げようとするそぶりは見られない。私のそばで枯れ草でも何でもむしゃむしゃ口を動かしている。

一方で、私にとっても、ソロツベがいることで得をしたことが多かったように思う。あの東洋人は、なぜだかよく分からないが、ロバを連れて歩いて旅をしている。なんだか大変そうなので、協力してあげよう……と、出会う人々が考えてくれていた気がする。

ソロツベがいなければ、この旅はずいぶん違うものになっていただろう。そう考えると、私はソロツベを歩かせているのではなく、むしろ私が歩かせてもらっているのではないか、という気がしてくる。ソロツベはこの旅で一番大切な贈り物をくれた。歩き続けたいという気持ちにさせてくれたのだ。

そんなことはモロッコやイランでロバと旅した時には考えなかった。あの時も良いロバだったが、私はなぜだかそれ以上のことをあまり思い出せない。それは、ソロツベのキャラクターもあるだろうが、それ以上に名前を与えたことが大きかった。

「ソロツベ」という名は、もともとはツイッターでロバを呼び表すために付けたものにすぎない。だが今ではソロツベ以外には考えられないほど、私の中でしっくりきている。

そうなったのは、フォロワーの存在があったからだとも思う。私だけでなく彼らがソロツベ、ソロツベと名前を呼ぶことで、私はかけがえのない相棒と旅をしているのだという思いを強くしていった。

最初の動機はどうであれ、名前を与え、それを他者と共有することで、私はソロツベに「個」としての存在感を覚え、私の中になじんでいった。

最後の鼻息

村のはずれの公園で野宿した。翌朝、テントを片付けていたら、近くの事務所からおばさんが熱々のチャイをグラスに入れて持ってきてくれた。一日の始まりにしては悪くないと思った。今日は旅のゴールであるトルバルに行く日だと決めていた。

車の通行量の多い幹線道路を一歩ずつ歩いていく。道沿いの駐車場で一息ついていると、スキンヘッドであごに髭を生やした四〇歳くらいの男性に声をかけられた。どこから来てどこへ行くのか？　黒海からエーゲ海へ。今日ゴールするんですと答えると、彼の目に私への敬意のようなものが宿った。ムスタファという男性は、ここでカフェを経営しているのだという。まだ営業前の太陽光がたっぷり注ぐ明るい店内でアイスコーヒーをご馳走してくれた。

「あの男が誰だか分かるかい」。ムスタファが壁に掛けられた肖像画を指差した。

「ムスタファ・ケマル・アタテュルクですね」

「どこで習った？」

「高校の世界史の授業で習いますよ」

トルコではこれまで何度も交わしてきたやり取りだった。トルコ革命を指導し、トルコ共和国の初代大統領になったアタテュルクに、多くのトルコ人が特別な感情を抱いている。「アタテュルクを知っているか」と何の脈絡もなく訊かれることもあれば、今回のように肖像画や胸像を指して、「誰だか分かるか」と訊かれることも多かった。私がフルネームで答えると、「やはり日本は友達だ」となり、何らかの親切を授かることが少なくなかった。

今回も私は、もうゴールが間近だというのに、カフェの畑で育てられたスイカとメロンを二玉ずつプレゼントされてしまった。

トルバルには正午過ぎに着いた。すぐにはロバ牧場に向かわず、数日間ここでソロツベと最後の時間を過ごすつもりだった。郊外にホテルが二軒あることは事前に分かっていたが、実際に行ってみるといずれも空き部屋がなく宿泊を断られてしまった。

さて、今夜は野宿か。そう思い決めてホテルから出てきたところを、すぐそばのガソリンスタンドにいた青年から「どうしたのか」と声をかけられた。青年はガソリンスタンドの経営者の息子だった。こちらの事情を話すと、事務所の屋上にテントを張らせてくれ、ソロツベは近くの草地につながせてもらえることになった。

翌日はトルコ最大の通信社であるアナトリア通信の取材を受けた。これまでお世話になった人たちに無事に旅を終えたことの報告と、トルコで消えゆくロバの魅力を伝えられたらと思い、こちらから取材を依頼していたのだ。後日、記事が配信されるとすぐに反響があり、これまで連絡先を交換したトルコ人たちからねぎらいのメッセージが届いた。

いよいよソロツベとの別れが実感として湧いてきて急にさびしくなった。ソロツベの優しそうな長いまつ毛を見ていると、もっと一緒にいたいと思ってしまう。トルバルにはすでに二日滞在しているが、もう一日延ばしてしまおうか。一度はそう考えたが、それではいつまでたっても別れられないと思い、意を決してロバ牧場にソロツベを連れていくことにした。

ここから牧場までは五キロの距離だ。オリーブ畑が広がる一本道をたどっていけばいい。ソロツベのバッグにはペットボトルの水だけ入れて出発した。何も知らないソロツベは、脇に生えている草を食いちぎりながら、いつもと変わらぬ様子で歩いている。

牧場主のアブドゥッラーは寡黙な、優しそうなおじさんだった。広い柵の中で三〇頭のロバを飼い、毎日ミルクを搾っているのだという。私は一杯のミルクと引き換えに、ソロツベを引き渡すことで話をつけていた。

ソロツベはこれだけ多くのロバを見るのは初めてで、そわそわしている。ここのロバたちは老いも若きも一緒に生活していた。きっとソロツベも大切に世話されるだろう。

ミルクをご馳走になった後、私はトラクターに乗せられ、民家に連れていかれた。庭で割礼式の披露宴が行われていて、人々でにぎわっている。主役の一〇歳くらいの男の子が冠をかぶり、王子様のような格好でニコニコ座っている。その周りで一〇人くらいが歌い踊っている。他の人たちが口にしている、ピーマンの肉詰めなどのご馳走が私にも振舞われた。

アブドゥッラーにとっては、トルコの伝統的儀式を見せたい、あるいは遠くから来た旅人をもてなしたいという思いで、私をここに連れてきたのかもしれない。だが私には、彼らの歌と踊りが、ソロツベとの旅を無事に終えたことを祝ってくれているように感じられた。

　牧場に戻った時、柵の外につながれていたソロツベは相変わらず勃起しながら、静かにたたずんでいた。私はソロツベを抱き寄せて別れを告げた。ソロツベは鼻をフーフー鳴らした。すぐそばにいるメスに興奮しているのか、それとも別れを惜しんでくれているのかは分からなかった。

第三部⇩モロッコ

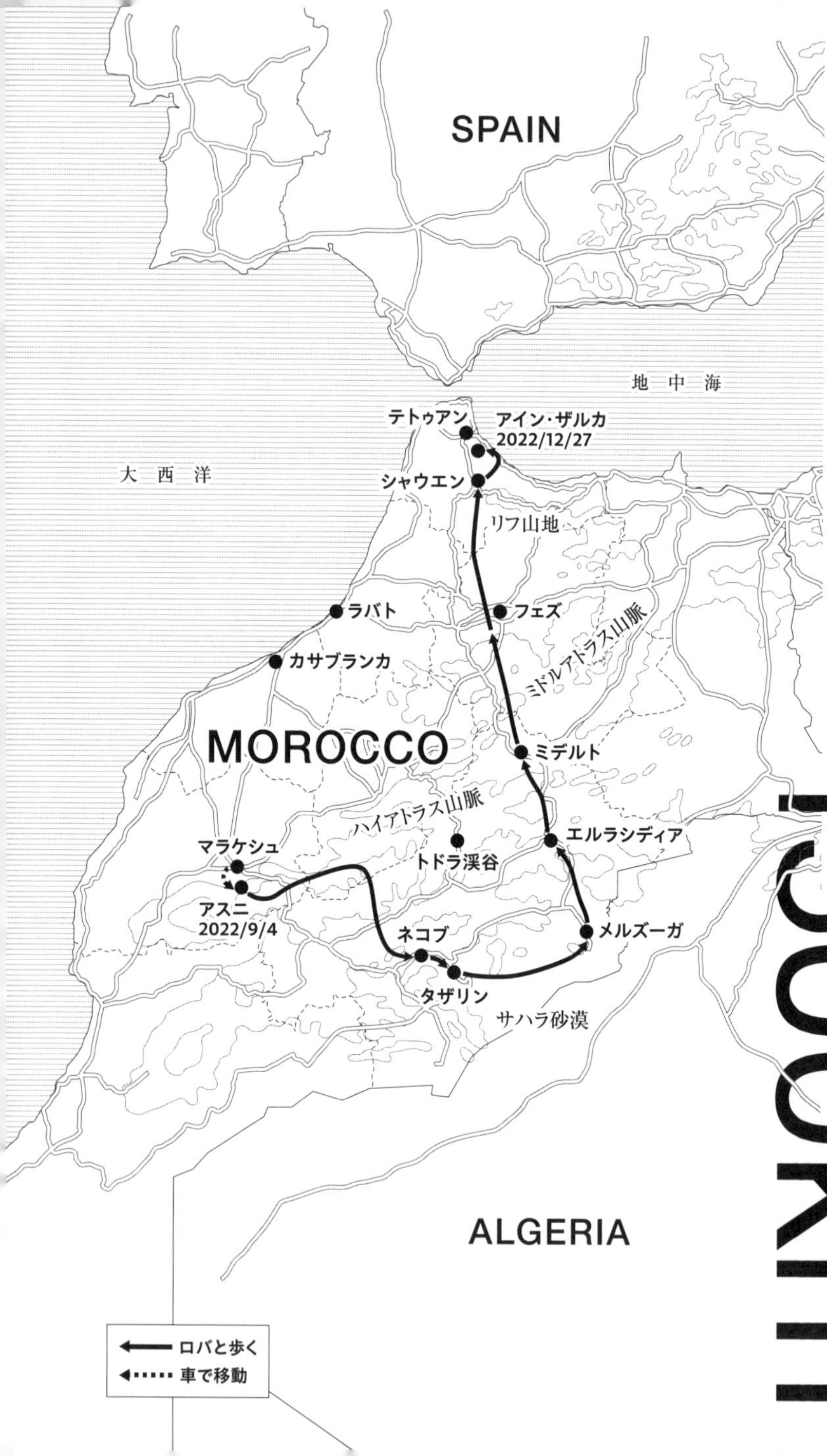
SPAIN
地中海
テトゥアン
アイン・ザルカ
2022/12/27
大西洋
シャウエン
リフ山地
ラバト
フェズ
カサブランカ
ミドルアトラス山脈
MOROCCO
ミデルト
ハイアトラス山脈
トドラ渓谷
エルラシディア
マラケシュ
アスニ
2022/9/4
ネコブ
メルズーガ
タザリン
サハラ砂漠
ALGERIA
ロバと歩く
車で移動

1500km

ロバの国へ

無数の屋台の光に照らされ、白い煙がモクモクと上がる。大道芸人や講談師、音楽団、物売りたちの声と音が交錯し、あちこちで丸い人だかりの輪ができる。

祭りのような興奮とにぎわい。

モロッコの中央、マラケシュのジャマ・エル・フナ広場の風景は、四年前とまったく変わらない。屋台のメニューも、働いている人の顔ぶれも、大道芸の内容も。屋台の間をぶらぶら歩いていると、顔なじみの客引きの男たちから次々と声がかかる。

「おい、ジュラバは着ないのか？」

「自転車はどこにやった？」

私がモロッコを訪れるのは今回で五度目になる。徒歩や自転車であちこち旅したが、いつも必ずマラケシュに寄り、モロッコの民族衣装ジュラバを着てうろつき回っていたものだから、客引きたちは私のことをいまだに覚えてくれている。

五度目のモロッコ。もう一度この地でロバと旅するためにやって来た。

トルコでソロツベと別れた後、私はさびしさと同時に、解き放たれたような自由も感じていた。それまでは都市部を避け、ホテルも郊外にあるところを選ばなくてはならなかったが、これからは心の赴くままにどこにでも行け、好きなものを食べられるのだ。

しかし、そうやって何日か過ごしている間も、道端にロバが食べられそうな草がないか無意識のうちに探してしまう。そんな自分にふと気付き、ひとりで苦笑いをしてしまった。次第に、ロバがいないことで落ち着かなくなってきた。行きたいところに行こうと思っていたはずなのに、ロバがいなければどこにも行く気にならないという妙な状態になっていた。

そこで、まずはトルコから地続きのブルガリアに行き、新たなロバを探すことにした。

ロバ探しは難航した。もとよりブルガリアにロバに詳しい知人がいるわけでもない。現地で知り合った人たちにどこに行けばロバと会えるか訊いてみたが、誰も知らなかった。仕方がないので何の当てもないまま山間部の田舎に行き、聞き込みをしてみたが、現役のロバとはついに会えなかった。

その後、ギリシャを経由してバルカン半島のアルバニアとボスニア・ヘルツェゴビナでロバを探した。いくつかの地域にはロバがいた。とりわけアルバニア南東部のコルチャでは、週二回のアニマルマーケットで馬と共にロバが何頭も売りに出されていた。だが私は三回足を運んだものの、これはと思うロバを見つけられなかった。一緒に旅をするなら若くて元気なロバが

〔上〕アスニ村のスーク（定期市）の「ロバパーキング」。飼い主が買い物をしている間、百頭を超えるロバが鞍をつけたまま、ここでじっと待機している。〔下〕歩き始めたばかりのころは、立ち止まっても道草に目もくれず、緊張している様子に見えた。

〔上〕パンを前にすると、目の色が変わる。一度かじりついたら絶対に離さない。〔下〕アトラス山脈の渓谷の道を行く。

いい。しかし、マーケットのロバは若すぎるか、あるいは年をとりすぎており、とても長旅に連れ出せるような状態ではなかった。

そんな時にふと思い出したのがモロッコだった。モロッコなら、どこにでもロバがいて、今も現役で活躍している。モロッコに行けば、絶対に良いロバを見つけられる。

私にとってモロッコは特別な国だった。初めてロバを間近に見た国で、遊牧民の生活に魅せられ、彼らと一緒に一カ月ほど生活したこともある。

しかし、いくらロバと旅がしたいからといって、またモロッコに行くのにはためらいがあった。私は四年前にもこの国でロバを買い、一五〇〇キロを歩いている。あの旅で大いに満足したし、同じ国でまた同じことをしてもつまらないと思っていた。

それでもモロッコに行くことを決めたのは、あの時の相棒にもう一度会ってみたいと思ったからだった。私はあの旅を終えた後、ロバをある遊牧民の家族にプレゼントした。彼らは文字の読み書きができないので、ロバが今も元気でいるかは現地に行かないと確かめようがない。たった四年では何も変わっていないかもしれないが、イランから始まった今回の旅を、ロバの国であるモロッコで締めくくるのも悪くないと思った。そんな思いから私はマラケシュ行きの航空券を買ったのだ。

新たな相棒

マラケシュではなじみのホテルに二泊した後、ミニバスを乗り継いで南に約五〇キロ、アトラス山脈北麓にあるベルベル人の村アスニに向かった。アスニはモロッコ最高峰トゥブカル山（四一六七メートル）への登山拠点として知られている。まだ訪れたことのなかった町だが、週一回開かれるスーク（定期市）には多数のロバが集まってくると聞いていた。

正午ごろ町に着き、ミニバスから降りた途端、「何か助けが必要かい」と頭に青いターバンを巻いた、五〇歳くらいのガイド風の男が声をかけてきた。

「ロバを買いに来たのですが」

私が期待も持たずに答えると、男は「それならロバを持っている友達を紹介してやろう」と言ってきた。向こうから声をかけてきた場合、中には純粋な親切心から助けてくれる人もいるが、仲介料目当てでホテルやツアー会社に連れていこうとする人も少なくない。

そこから逃げるつもりでロバを探す前に宿を見つけておきたいと言うと、知り合いの宿に連れていってくれるという。一瞬ためらったが、高い宿なら断ることを前提についていくことにした。

男が紹介してくれたのは、広々とした敷地に建つロッジ風の宿だった。ベッドが五つ置かれた部屋が一泊五〇ディラハム（約六〇〇円）。他に客はいないので、私がひとりで使っていいという。

ガイド風の男は「じゃあ、またあとで」と言って去っていったが、一時間もたたないうちにジャマールという名の四〇歳くらいの男と共に戻ってきた。私はジャマールの車に乗せられ、隣村の彼の家に連れていかれた。

家の裏手の畑で待たされていると、ジャマールはどこからかロバを引いてきた。

黒いオスロバは見た感じ良さそうに見えたが、鞍を外すと背骨が浮き出ており、体つきが貧相だった。

次に登場したのが、二歳半のメスだった。茶色の体毛に白い地毛が交じり、全体としては灰色に見える。年齢のわりに体が大きい。毛並みがよく、澄ましたような顔をしている。目と鼻の周りは白く、私の好みにも合致していた。

何より最初のオスと比べると、尻の違いが歴然だった。オスは骨ばった尻をしているのに対して、このメスは肉付きがいい。私はロバの後ろを歩くことが多いので、いやでも尻を見ることになる。それゆえ尻が良いというのは重要な要素だった。

ただ、メスであるのと二歳半という年齢が引っ掛かった。イランの相棒もメスだったから、メスの方が落ち着きがあるのは分かっている。それでも一緒に歩くならソロツベのようなやんちゃなオスの方が楽しい。それに、二歳半という年齢は旅に連れ出すには早すぎる気がした。

ロバはこちらの様子をうかがいながら、注意深く草を食べている。

値段を訊いてみると、三〇〇〇ディラハムだという。一ディラハムが約一二円だから、三万六〇〇〇円ほど。一頭一〇〇〇ディラハムというロバの相場を考えると、吹っかけられているということになる。モロッコのようなイスラム圏では、定価というものはなくすべては交渉によって決まるが、ここはガイド風の男が仲介料として大幅に上乗せしているのだろう。ジャマールも口には出さないが、苦笑いを浮かべている。

あすには本丸のスークが控えている。そこでもっと良いオスロバが見つかる可能性もあるため、ここはいったん引いて頭を冷やすことにした。

翌朝、宿から歩いて三分の場所にあるスーク会場に行くと、人でごった返していた。昨日、下見に来た時はただのだだっぴろい空間だったのに、野菜や肉、穀物、日用雑貨、金物、衣服などを商う店が一〇〇軒以上も並び、威勢よく客寄せしている。会場の外にも果物を満載した荷車や軽食の屋台があふれて活気があり、祭りのようにも見えた。

その裏手に、数十頭のロバがつながれていた。地形が険しいアトラス山脈では、道が悪く交通手段も乏しいので、人々は山道に強いロバとスークにやって来て、買ったものを自分の村へ運ばせるのだ。飼い主が買い物をしている間、大半のロバは大きな鞍を背負ったままおとなしく待っているが、中には目の前のメスに興奮して、鳴き叫びながら精液をポトポト地面に落としている哀しいやつもいる。

この懐かしい光景を見て、またモロッコに戻ってきたのだという思いを強くした。私がモロッコと聞いて真っ先に思い浮かべるのは、迷宮都市でもサハラ砂漠でもなく、ロバがいる土臭い風景なのだ。

ロバの数はどんどん増え、正午までには一〇〇頭以上が集まり、ロバパーキングとでも呼びたくなる様相を呈してきた。このころになると、おとなしく待機していたロバもしびれを切らして鳴き叫ぶものが増えてくる。

私はその中で目ぼしいオスを見つけると、飼い主に売ってくれないかと声をかけた。だがみんな首を振るか、法外な値段を吹っかけてくる。やはり現役で使っているロバを突然売ってくれと言われても、やすやすと手放す人はいないらしい。

販売用のロバは隅の方に八頭ほどつながれていた。生後六カ月の子ロバはたった三〇〇ディラハム（三六〇〇円）。子ロバはすぐに働けないから安く、逆に働き盛りのロバは高めに設定されている。聞いていた通り、ジャマールも昨日見せてくれた二頭を連れてきていた。

見たところ、売りに出されているロバはどれもパッとしない。ジャマールの二歳半のメスが一番いいように思えた。理想をいえば四歳くらいのオスがベストだが、ほかに選択肢がないのなら、このロバでいい。

「このロバ、いくらだっけ？」

二〇〇〇ディラハム、とジャマールは答えた。

きょうはガイド風の男がいないので、昨日の言い値から一気に一〇〇〇ディラハムも下がったことに私は内心笑いたいのをこらえながら、「いや、一五〇〇だ」と言い張った。

値段交渉は、どちらがより強く売りたい（買いたい）と考えているかで決まる。この場合、ほかにロバの候補がいないので、私の方が若干不利ではある。しかし、ジャマールもこのロバを早く売りたがっているように見え、私は強気に出ることにした。

ジャマールが渋ったので、私は「それならほかを探す」と芝居を打った。するとジャマールは案外すんなりと私の付け値を呑んでくれた。

金のやり取りを終えて私が手綱を引くと、ロバはおとなしくついてきた。一緒にスークの中を回り、左右が対になったかごや五キロ分の大麦、食料や自炊用のガス缶などを購入していった。

宿に戻って庭につなぐと、ロバは草を食べ始めた。私がそばにいると、長い尻尾を使ってペチペチと叩いてくる。突然飼い主が変わったことに抗議しているのかもしれない。

まさか明日から毎日歩かされることになるとは夢にも思っていないだろう。ソロツベのように、良い相棒になってくれたらいいが。モロッコに来る前は同じ国を旅してもつまらないと思っていたが、この時は新しいロバを手に入れたという喜びの方が大きく、これからの旅路を楽しみにしている自分がいた。

「スーコ」

翌日は一〇時半に出発した。

ロバの背に鞍をつけようとすると、また尻尾で私の手をペチペチ叩いてきた。硬い毛でおおわれた尻尾で何度も叩かれると痛い。ただ、私のことが気に食わないなら後ろ蹴りしてもよさそうなのに、尻尾で叩くだけとは控えめなロバだ。

鞍はソロツベにつけていたものだ。バルカン半島でロバを探している時も、私はソロツベの体毛と汗が染み込んだ鞍を抱えて移動していた。まさかモロッコまで運ぶことになるとは思わなかったが、深紅色の鞍はロバの灰色によく映《は》えた。

私はこのロバを「スーコ」と名付けることにした。スークで交渉して手に入れたロバだから、縮めてスーコ。第一印象は尻だったので、「モロッコの尻が良いロバ」を縮めた「モロシリ」と命名するつもりだったが、日本の友人に相談したら「メスの名前に尻をつけるのは（ツイッターの）フォロワーの印象が良くない」と言われてやめた。

この日は朝から空が青く冴えわたり、日差しは柔らかだった。アスニから先の道は、車はほとんど通らない。四〇〇〇メートル級の赤茶けた峻険な山々に囲まれた道を歩いていくと、時々ベルベル人の日干し煉瓦の集落が現れる。徐々に標高を上げ、気が付くと、アスニの街並みがはるか眼下に遠ざかっていた。

そんな風景に見とれてしばし足を止めている時も、スーコはその辺の草には目もくれず、ただぼけーっと突っ立っているだけだ。おとなしいのはいいことだが、草くらい食べて力をつけてくれよ、と私は少し心配になった。

「パスポートを見せてくれないか？」

七つ目の村に差し掛かった時、白いバイクに乗ったおじさんから声をかけられた。私が手渡すと、おじさんは簡単にチェックした後、「今夜はうちに泊まっていきなさい」と言った。このやり取りにピンときた私は「あなたはマカダムですか？」と訊ねた。

「そうだ」

やっぱり、そうなのだ。

マカダムとは、村に必ず一人いる代表者のことである。最も重要な任務は情報収集であり、何か異変を察知すれば軍警察ジャンダルムリ［モロッコではジャンダルムリと発音する］と連携して対応に当たる。言うなれば村のすべてを知る存在で、「モロッコの治安がいいのはマカダムのおかげだ」と言う人もいる。

モロッコの徒歩旅行はマカダム抜きには語れない。四年前にロバと旅した時は、毎日マカダムと向き合ったものだった。彼らは徒歩やバイク、時には車で私についてきて、夜になると安全な寝場所に案内してくれる。各都市にいるカイドウと呼ばれるボスの指揮のもと、私をまるでリレーのバトンのように、村から次の村のマカダムへと引き継いでいくのだ。

私は最初、マカダムが道案内や寝場所の提供をしてくれるのは、旅人へのもてなしととらえ、ありがたく感じていた。だが、徐々にストレスを感じるようになっていった。マカダムはつねに私のそばにいるので、監視されているように感じたのである。おちおち野糞もできないので、時には「ついてこないでくれ」と言って衝突することもあった。

万が一、外国人が事件に巻き込まれれば、モロッコの観光産業は大きなダメージを受ける。だから何ごとも起きないように、私のような危険な目に遭いそうな旅行者に目を光らせる事情は分かる。けれども、私はできるだけひとり（と一頭）だけでさすらい歩きたい。

今回もマカダムとは必ず向き合うことになると思っていたので、懐かしさを覚えると共に、「またか……」と苦々しい思い出もよみがえった。

「今夜はどこで寝るつもりだい？」

目の前のマカダムが私に訊ねた。私はこの道の終点であるタシュディルツ村で宿をとるつもりだった。そう言うと、マカダムは安心したのか、それ以上は自分の家に泊まるよう言ってこなかった。ただ、「野宿は絶対にしないように」とくぎをさされた。

マカダムの話によれば、この地域では野宿が禁止されている。四年前にトゥブカル山の登山道でテント泊していた北欧の若い女性二人が、モロッコ人の三人組に殺害される事件があったからだ。当時、私もモロッコにいたので、その事件には大きなショックを受けた。過激派組織イスラム国に感化されたという犯人たちの残虐性は欧州でもセンセーショナルに報じられた。モロッコは比較的治安がいいとされているが、そういった事件も起こりうることから、宿があるなら利用するつもりだった。

アスニから九時間かけてタシュディルツ村に着いたころには、日はほとんど暮れていた。標高二三五〇メートル、北アフリカで最も標高が高い村の一つだといわれている。日干し煉瓦の家に数百人のベルベル人が暮らす小さな村だが、トレッキング客を当てにした宿がいくつかあった。

村の入口で畑仕事をしていた青年から、家族が経営しているという宿を紹介され、そこに泊まることにした。裸電球が一つ灯るだけの薄暗い部屋だが、温水シャワーがあるのがありがたかった。この村ではどの家もロバかラバを飼っているらしい。静まり返った村で、ロバの悲しそうな鳴き声が、夜遅くまで村中から聞こえてきた。

寓話の世界

モロッコの旅をスタートさせた私の最初の関心は、スーコはどんな性格をしたロバなのだろう、ということだった。ソロツベは破天荒なロバだったが、スーコはどうだろう。

初日は、おとなしいロバだという印象を持った。町を出るとすぐに鳴き叫び、遠のく故郷への郷愁に駆られていたソロツベに対して、スーコは一度も鳴かず、スタスタと歩いた。他のロバが視界に入っても気にする様子はなく、私が立ち止まるとスーコも止まり、「どうした？」という顔で振り向いてくる。こいつは優等生タイプなのかもしれないと私は思った。

だが、そんな印象は早々にくつがえされた。

その時、私たちはアトラス山脈の奥深くを歩いていた。乾燥の影響で木が一本も生えていない山肌に、ミミズがはった後のような頼りない道が、尾根に向かってつづら折れになって続いている。

モロッコ南西端からチュニジア北部まで地中海とサハラ砂漠を分け、総延長二四〇〇キロに達するアトラス山脈には、南北を縦断するルートはいくつもあるが、横断するルートは存在しない。それでも道はないわけではなく、遊牧民らが家畜と移動して自然発生的に生まれた「ミミズの道」ならある。当然整備されているわけではなく、地元の人さえ立ち入らない険しい道だが、ヒツジやヤギ、ロバのふんが途切れることなく落ちており、それを目印にすれば道から大きく外れることはない。

私はこれまでの旅でアトラス山脈の縦断ルートはすべて通ったことがあるので、今回は横断ルートでこの大山脈の一部を越えようと思っていた。

ミミズの道は切り立った崖の上にあることも多く、転落しないように神経をすり減らす。スーコは力強く歩いてくれるので、私はロバの力を最大限に引き出しているような気がした。

だが、尾根にたどり着き、少し気が緩んだところで、立ち止まったスーコをむりに引っ張ったせいでスーコを転ばせてしまった。背中のかごはひっくり返り、中の荷物が地面に放り出された。

倒れたスーコは目の焦点を失った感じで、今にも死にそうな顔をしている。

まさか骨折したのか？

もしそうなら、手の施しようがない。とてつもない焦りを感じたが、一方で何か様子が変だとも感じた。スーコの顔をよく見ると、うとうとしているようにも見える。

もしかして、ただ休みたいだけじゃないのか？

ロバは我慢強い動物だが、自分の感情に素直で、休みたい時は座り込んでしまうことがある。そのことを思い出して、手綱を強めに引っ張ってみたが、ビクともしない。そこで私はかごの中から麦を取り出し、洗面器に入れてスーコの前に置いた。すると、スーコはむくりと立ち上がり、麦を食べ始めたのだ。

私はイソップ寓話の「塩を運ぶロバ」を思い出した。

塩を山のように担がされたロバが、川を渡る時、足を滑らせて川に落ちてしまう。だが塩は溶け出し、ロバは身軽になった。次の日、飼い主はロバに少しでも楽をさせてやろうと思い、うんと軽い荷物をロバの背に積んだ。ロバは川を見ると、「川に落ちたらまた荷物が軽くなる」と考え、今度はわざと川に落ちた。ところが荷物は水を吸って石のように重くなり、ロバは立

尾根で転んでしまったスーコ。初めは死にそうな顔に見えたが、この後、むくりと立ち上がって麦を食べ始めた。

ち上がれずおぼれ死んでしまう。その日の荷物は、「綿《わた》」だった――。

この寓話には、ずるいことをすれば、うまくいったと思っても思いがけない不幸におちいることがあるという教訓があるそうだが、私はこういうロバはたしかにいるのかもしれないと、スーコを見て思った。どこで覚えたのかは知らないが、おそらくスーコは転んだ後に、「このまま倒れていたら、今日はもう歩かなくていい」と思ったのだろう。そんな企みがスーコの顔には表れているように感じられた。

意外とずる賢いところがあるやつなのかもしれない。

「おい、大げさだぞ」

そう言って尻を軽く棒で叩くと、スーコは悪びれる様子もなく、のっそりと歩き始めた。

私はこれまでの経験から、ロバが最も好んでいるのは大麦で、ほかにもリンゴやメロン、ブドウといった甘い果物も大好きだと思っていた。ところが、スーコは最初ブドウを見ても、少し匂いをかいだだけで、意外にも興味を示さなかった。

そこで、まずは私が食べるところを見せ、口にしても安全だと教えてやった。それでもスーコは渋ったが、口にしつこく持っていくと、恐る恐るといった感じでようやく口にした。次に房ごと与えると、今度は食いつき、口から果汁をポタポタこぼしながら味わい始めた。

どうやらスーコはブドウを見るのが初めてだったらしい。ロバは牛と違って胃の中に入れた

これはミミズの道ではなく、アトラス山脈の村と村を結ぶ一般的な道。車よりもロバとすれ違うことが多い。

ものを口に戻せない。つまり毒を口にしても外に吐き出せないので、食べたことがないものには慎重なのだ。

同じことはメロンを与えた時にもいえた。だが、ひとたび口にすると、目を大きく見開いて味わっている。その目は「なんだこのうまいものは」という驚きが如実に表れていた。

ロバは一般的に粗食に強い動物だといわれている。ベルベル人もそのことをよく知っているから、働かせる時以外には高価な麦を与えることはない。ましてやブドウやメロンをあげる人なんていない。だから夢中になって食べているスーコを見ていると、コイツは外のことを何も知らずに今まで生きてきたのだなと、いじらしく思わずにはいられなかった。

季節は秋で、モロッコは実りの季節を迎えていた。私は八百屋を見るたびにブドウを買った。ブドウの皮をぺっと地面に吐くと、スーコはすかさず食べてくれる。掃除機みたいなやつだと私は内心おかしかったが、そんなやり取りが楽しくもあった。

ミミズの道をつたって尾根を越え、村で一晩過ごし、またミミズの道をたどって山を越えるということを繰り返し、私たちはアトラス山脈の中をゆっくりと西に進んだ。

宿があれば宿に泊まり、なければマカダムが家に招いてくれたり、テントを張ってもいい場所を紹介してくれたりした。マカダムは前回の旅のように付きまとうことはしなかったが、私が村に着くと必ず現れて一声かけてくれた。

村では至る所で長い棒を使ってクルミの収穫が行われていた。村人たちは私を見るとニコニコしながら分けてくれる。村を抜けると断崖絶壁に囲まれた渓谷、続いて肥沃な緑の大地が現れて、景色が目まぐるしく変わっていく。

人間の営みもまた印象的だった。

五人の若い女たちが、車も来ない道路で横一列になり、自分より大きな薪のかたまりを背負って歩いている。アトラス山脈の孤立した村々では、女性の毎日の山仕事がなければ燃料が手に入らない。経済的に余裕が出てくると、一頭一〇万円もするラバ（ロバと馬の交雑種）を買って運ばせることもできるが、結婚したばかりの女性は、その地位を得るまでは自力で運ばなければならない。

〔上〕道端で他のロバを見つけると、スーコ（右）は自ら歩み寄り、鼻をくっつけて挨拶する。〔下〕二頭のロバが息を合わせ、犂（すき）を引いて畑を耕している。私も体験させてもらったところ、二頭を同時に操るのはなかなか大変だった。

前かがみになった姿は大変そうだが、そこに悲壮感が漂っていないのは、彼女たちにとってそれが毎日の営みだからだろう。私が追い抜く時、彼女たちは薪を下ろして休憩している最中で、楽しそうにおしゃべりしているのが印象的だった。

またある時は、突然の土砂降りの中、民家も何もない道で、ヒツジを一匹バッグに入れた青年がラバに乗って前方から歩いてきた。私とすれ違う時、彼は「ボンジュール、ムシュー」と言って、雨が激しく降る峠に向かって歩いていった。立ち止まって振り返ると、ヒツジがバッグから顔だけ出してこちらを見ている。寓話に出てきそうな光景が、この世界にはまだ残っている。そう思い、しばし歩を止めて見入ってしまった。

そう思った時、ロバとの旅そのものが寓話のようなものではないかと自分で自分に突っ込みを入れたくなった。私はいま、寓話のような世界を生きている。だが、その寓話が終わった時、どんな世界が待ち受けているのだろうと思うと少しばかり不安になった。

私はロバとの旅がしたくて新聞社を辞めてきた。しかし当時は、採用してくれる会社があるかどうかは別にして、帰国したらもう一度記者に戻りたいと考えていた。

今の私はまったく別のことを考えている。日本に帰ったら、今度は日本でロバを買い、旅を続けるつもりでいる。

思えばスペインの巡礼路を歩いたことからこの旅は始まっている。歩けばどこにでも行けるという感覚を手に入れた私は、次にロバに荷物を運ばせる方法を思いついた。イラン、トルコ、そしてモロッコとこれまでに何千キロも歩いたことになる。今もなお、さらに別の土地を歩き回ってみたいという思いは強くなっていて、次は日本でロバとの旅を考えている。

ロバがいなければ、そもそも旅をする気持ちにはならない。何もせず突っ立っている姿を見るだけで、草をはんでいるだけで、心を満たしてくれる生き物がほかにいるだろうか。

私は、ロバといつまでも歩き回っていたい。

危ないぞ、と誰かに言われている気がした。お前はいったいいつまで寓話の世界に浸っているつもりなんだと。

「こんなに遠くまで来たら、もう元の場所には戻れない」

私の頭の中に、そんな台詞が浮かんできた。子どものころ好きだったディズニー映画「アラジン」で、主人公は窮屈な宮殿生活を送る王女ジャスミンを連れ出し、空飛ぶ絨毯で世界を見せてまわる。身分が違う二人の、運命的な恋がいよいよ始まる、そんな予感の中、流れてくるあの名曲の中で、王女はそう歌い上げるのだ。

私はあの王女のように、元の場所に戻らなければならないという理性と、戻らなかったらどうなるのだろうかという狂気じみた好奇心の間で揺れている。私には、少なくとも旅の日々よりは真っ当に見える元いた場所に戻れるのか、自信がなかった。

アトラス山脈の村にはロバがたくさんいた。どの家も一頭以上のロバかラバを持ち、老いも若きも、みんなロバに乗って移動していた。イランやトルコではロバは過去のものになりつつあったが、ここではロバの王国と呼びたくなるくらい、今も現役で活躍していた。

　もっとも、人々がロバ頼りになっているのは、貧しさが理由でもあった。道は舗装されず、送電線から遠いために電気が引かれてなかったり、水道がないため水をくみに行ったりしなければならない。インフラが未整備だからロバの労働力が必要になっていた。

　私はここで、飼いならされたロバの賢さを知った。家畜の餌になりそうな草を背中に満載したロバが、一頭、また一頭と歩いてくる。そばに飼い主はいないので、自分だけで家まで運ぶらしい。飼い主が畑から一頭ずつ、「ほら、お行き」とでも言って送り出している風景が私の頭の中に浮かんだ。

　そんなロバの王国で、スーコは、他のロバが道端につながれていると、よく自分から鼻をくっつけに行った。その割に執着することはなく、一〇秒足らずで歩を先に進める。私にはそれが、土地の者に対するスーコなりの挨拶のように思えた。ただ、鼻をくっつけるだけの挨拶。相手のロバもそれ以上のことを求めてこないし、実にさばさばしている。

　だが、中にはソロツベみたいなやつもいる。

　ある集落の家から小柄なオスロバが駆け下りてきて、スーコの尻を嗅ぎ始めた。スーコは小走りで逃げるが、オスロバは追いかける。尻尾で叩かれたり、後ろ蹴りを食らったりしてもまったくひるむことがない。その時は私が間に入って追い払った。

この時は子どものロバだったが、年頃のオスなら大抵、ロープで片足をつながれていて、スーコを見ると限界まで近づいてこようとした。だが、そんな鼻息の荒いオスには、スーコはまるで関心がない様子で通り過ぎてしまうので、オスは悲しみの雄叫びを上げるのが常だった。ジャック・ケルアックの自伝的小説『オン・ザ・ロード』に、「気に入った子がこの広すぎる世界で別方向に行くのを見るといつも心臓が痛くなる」という一節がある。スーコにお近づきになれず絶望の叫びを発するオスロバを見るたびに、私はその一節を思い出し、そこにソロツベの影を見るのだった。

四年ぶりの再会

歩き始めて三週間がたったころ、私はスーコを宿に置いて、二泊三日の一人旅に出ることにした。四年前の相棒だったロバに会いに行くことにしたのだ。

その前の晩、私が泊まったのは山間部のブタグラール村のこぢんまりとした宿だった。四年前にもロバ同伴で泊まったことがあり、宿主夫婦の人柄がいいことを知っていたので、今回も安心してスーコを預けることができた。驚いたことに、夫婦は私の名前を少し間違ってはいたが覚えてくれていた。

当時のロバは、ここから一二〇キロ南東のトドラ渓谷の遊牧民の元で暮らしている。スーコを連れていくことも考えたが、私自身はトドラ渓谷に何度も行ったことがあるので、スーコとは私が行ったことがないところを歩きたいと思い、ひとりで行くことにした。

まずはミニバスでアトラス山脈の南麓にあるケラア・ムグナへ行き、大型バスに乗り換えて小都市ティネリールへ。さらに乗合タクシーを乗り継いでトドラ渓谷に着いた時には、午後三時を回っていた。

遊牧民はここからさらに一時間半、歩いてしかたどり着けない岩山の上にいる。

タクシーを降りたところで、顔なじみの山岳ガイドとばったり会い、いきなりショッキングなニュースを聞かされることになった。

「お前のロバは死んでしまったらしい」

ユセフという名のその三十代半ばのガイドは、トドラ渓谷で高知県出身の三原典子さんと共同でゲストハウスを経営し、ロッククライミングやトレッキングガイドを請け負っている。ユセフによると、遊牧民の長アハマドは、会うたびに私の名前を連呼し、私が戻ってくるのを待っていたが、最近ロバは死んでしまい、そのことを悔いているというのだ。

「ロバはいつ死んだの？」

「さあ。俺も詳しく知らないから、本人に直接訊いてみてくれ」

私はとにかく、アハマドに会いに行くことにした。

岩山にはアハマド一家のほかにも、いくつもの遊牧民の家族が暮らしている。彼らは毎日、ロバを何頭も連れて川の水をくみに下りてくるので、はっきりとしたガレ道が尾根まで続いている。私はこれまで何十回も往復したことがあるその道を登りながら、四年前のことを思い出し、私のロバは本当に死んでしまったのだろうかと考えていた。

アハマドは私が心から信頼する友人だった。当時で八〇歳だと言っていたが、本当の年齢は分からない。昔の遊牧民は子どもが生まれてもすぐに役所に届けなかったので、本人さえ自分の誕生日を知らないケースが珍しくなく、アハマドも例外ではなかった。

もともと遊牧民の生き方に憧れを抱いていた私はある日、村の人間を通じてアハマドにホームステイをさせてくれないかと相談した。アハマドはすんなりと受け入れてくれた。私はテントと寝袋を持ち込み、一カ月ほど生活を共にさせてもらった。

ヒツジの放牧や薪集め、スークへの買い出しなどに連れていってもらい、ロバの扱い方も教わった。私がとりわけ好きなのはアハマドと孫娘との放牧だった。私たち以外には誰もいない岩山を尾根伝いにゆっくりと歩く。アハマドは「今日はお日様があたたかい」と言ってはうたた寝し、茶をつくる。その辺の乾いた草をライターで燃やし、その上にポットを置いて沸かすのだ。ベルベル人は自分たちのことを「アマズィグ」、つまり自由な人と呼ぶが、どこにいてもさりげなく茶をつくる姿を見ると、その意味が何となく分かる気がした。

アハマドの家には一〇人ほどが暮らし、全員がベルベル語しか話さない。私は彼らの言葉を必死にノートに書きとめ、少しずつ習得していった。やがてみんなが「コータロー」と私を呼んで認めてくれるようになった。

　その後、私はモロッコの中部、ミデルトという町でロバを手に入れて一五〇〇キロを歩いた。大西洋に到達して旅を終え、ロバをどうするか考えた時に、自然と思い浮かんだのが、アハマドの家族にプレゼントすることだった。大西洋からトドラ渓谷まではずいぶん距離があったが、驚いたことに地元警察が全面的に協力してくれ、トラックを何台も乗り継いで、アハマドにロバを送り届けることができた。

　アハマドの家は標高二〇〇〇メートルに迫る場所にある。岩壁に穴を五、六つ掘っただけの原始的な家だ。その家を初めて見た時、「今の時代、こんな所に人が住んでいるのか」と驚いたものだった。アハマド自身は一年中ここに住んでいて、彼の息子が夏の間だけヒツジを連れてより標高の高い場所で遊牧生活を送っている。


　太陽が傾きかけたころ、尾根筋に岩穴が見えてきた。誰かが地面の上で横たわっていた。

「コータロー？」

　私が近づいていくと、その誰かが起き上がって私を見た。アハマドだった。ヒツジのふんが無数に転がる地面の上で、何も敷かず昼寝していたアハマドは「アパパパ……」と言っておどけてみせた。私を岩穴に連れていき、さっそく茶を沸かし始めた。

　四年ぶりの再会だが、久しぶりという感じがしない。ただ、アハマドの目は白くにごり、手がぷるぷる震えていることが、時間の経過を感じさせた。放牧は息子たちに任せっきりになり、麓の村にも何年も下りていないという。

「コロナでエロミン（外国人）がまったく来なくなった」と嘆いていた。アハマドの家はトレッキングコースの途中にあり、トレッキング客からの茶代が貴重な現金収入になっている。

甘い茶が入った小ぶりのグラスを受け取ると、アハマドは「インモート、アガユール。コータロー。アパパパ……」と言った。ロバは死んでしまったよ、という意味だった。

アハマドの話によれば、ロバは五カ月前に、岩の間に足をはさみ、もがき続けた末に崖から転落してしまったのだという。

アハマドは申し訳なさそうにしていたが、私には、あのロバをずっと世話してくれていたことが驚きだった。

アハマドにロバをプレゼントした後、ずっと心に引っ掛かっていることがあったからだ。

この一帯の遊牧民は極貧の中で暮らしている。私がホームステイしたのは冬だったが、寒さと飢えで毎日ヒツジが死んでいた。遊牧は自然にもろに影響を受ける仕事なのに、補償は一切もらえない。一日たりとも休めず拘束時間も長いのに収入はわずか。水を得るだけでも、ロバと片道数時間かけて麓まで下りなければならない。

「金がないから、家を買えない。だから俺たちは山にいる。遊牧民はつらい」

喧騒とは無縁の岩山や、彼らの自由な振舞いに心惹かれることも多かったが、アハマドの息子たちから、ことあるごとにそう聞かされるにつけ、遊牧民に抱いていた私の憧れはただの幻想であることを痛感させられた。

私がロバをプレゼントしたのは、そんな彼らの生活の助けになればと思ってのことだった。しかし、ずっと後になって思ったのは、私がよかれと思ってしたことが彼らの重荷になったのではないか、ということだった。アハマド一家はすでにロバ四頭、ラバ一頭を飼っていた。それだけのロバがいれば十分だったはずだ。彼らに余計なロバを養う余裕があるようには見えず、もうとっくに私のロバを売り払っているだろうと思っていた。

だが、アハマドはロバを売らず、世話を続けてくれていた。

「コータロー、コータロー」

ユセフの話では、アハマドと会う時、いつも私の名前を口にしていたという。私が帰ってくると信じていた。だからその時まで、私のロバの面倒を見ようとしてくれていたのだ。

私は、ロバを死なせてしまったと悔いるアハマドを責める気にはまったくならず、むしろこれまで面倒を見てくれていたことに感謝した。アハマドが今も健在であることが、私にとっての何よりのニュースだった。

サハラ砂漠へ

トドラ渓谷で二泊し、スーコを預けているブタグラール村に戻った私は、翌日から再び歩き始めた。アトラス山脈の残りのルートを一日で越え、その南に鎮座するサガロ山脈の静かな山道を三日で踏破すると、オアシスの町ネコブに入った。

サハラ砂漠の入り口に位置するネコブまで来ると、町は急に砂っぽくなり、男たちはみな頭にターバンを巻いていた。メインストリートにはホテルやレストランが立ち並び、これから砂漠へ向かう旅行者は、ここで英気を養っていく。だが私が訪れた時期は、町は慢性的な水不足で、二日に一回は水道が丸一日止まっていた。ホテルに限っては大きなタンクで貯水しているので毎日水が使えるが、それでもシャワーを使う時は、宿主から「使いすぎないように」としつこく注意されるほどだった。

私は砂漠に入る準備を整えるために宿に三泊した。その間に野菜や日用雑貨の店が盛大に並ぶスーク（定期市）が立ったので、私は五日分の食料を買い込んだ。

「この町ではロバを見ないね」

スークからの帰りに、私は若い宿主にそう訊ねた。モロッコはどこにでもロバがいると思っていたが、ネコブでは一頭も見ていない。近隣の村から人々が集まってくるスークにもロバの姿はなかった。

「昔はみんな飼っていたけど、今はごくわずかだ」

宿主によると、近年は道がよくなったことに加え、長引く干ばつでロバに与える草が育たないのだという。たしかに草がなければ、ロバを維持するのも大変だろう。

「それに」と、宿主は付け加えた。「今ではバイクの方が維持費は安く、役に立つことをみんな知っているからね」


ネコブから丸一日歩いてタザリンへ。ここで一泊すると、その先はだだっ広い、赤茶けた砂漠の世界が広がっていた。舗装された道路はなく、ひび割れて焼けただれた土漠の中に、車輪の跡が何重にも重なって、二〇〇キロ先の砂漠の町メルズーガまでまっすぐ続いている。地元の人間はほとんど利用しない道だが、冒険好きのヨーロッパ人らが砂漠を横断する観光道路のように使っているので、道ははっきりしている。

町を出て少し行ったところに、土色の布をかけられたラクダの死骸があった。長い間、風に吹かれ砂に洗われてきたらしく、全身が白骨化している。それは砂漠の入り口に立つ案内板のように、そこにあった。

風はそよとも吹かず、私とスーコ以外、動くものはひとつもない。砂の粒子を含んだ風が絶えず吹き、口の中はあっという間に乾く。タザリンのパン屋でもらった飾り気のない、ただ生きるために焼かれたといった平焼きのパンは、焼き立てこそおいしかったが、一時間たった今、カチカチに硬くなってしまっている。

スーコはここでは道草が期待できないと悟ったのか、たまに木が生えていると、枝をパキパキ折って口にする。木の下には大抵、ラクダのふんが落ちていて、それもおいしそうに食べる。まったく、砂漠の環境に適応するのが早すぎると私は感心してしまった。

私はミカンを食べながら歩き、休憩する時に皮をまとめてスーコにあたえた。ミカンは前日に八百屋で買ったものだ。一〇月を過ぎると、モロッコの市場はミカンで彩られる。味に外れがなく、一キロが一〇〇円もしない値段なので、日本の友人には「モロッコのミカンを知ったら、日本では買えなくなる」とよく言っていたものだった。

歩いている時こそ、永遠に続くかのように思われる砂漠の道も、三〇キロおきにオアシスの村が現れる。それらは遊牧民が定住してできた村であるらしく、観光客を当てにした宿や商店もあった。近年は、ここから目と鼻の先にあるアルジェリアとの関係悪化で遊牧民といえど国境を自由に行き来できなくなり、また、雨が降らなくなったことから、遊牧に見切りをつけて観光業に鞍替えした人は少なくないらしい。

私たちは一日三〇キロずつ歩き、終点のメルズーガに少しずつ近づいていった。車を見るのは、一日に五台ほど。ありがたかったのは、モロッコ人のドライバーは私を見ると必ず寄ってきて、「水はあるか？」と一声かけてくれることだった。

地平線に湖のような蜃気楼がゆらゆらと現れては消えていった。

五日目に入り、針金のように細く硬い草が点在する地帯を歩いていると、やけにロバのふんが転がっていることに気が付いた。遊牧民のロバだろうか。そこにふと、視界の右側で何かが動いている気配がした。

一〇〇メートルほど先に、四頭のロバが両耳をピンと立て、私たちのことをじっと凝視していた。さらに奥には別の群れもいる。人に飼われている感じはしない。

私は興味を駆られ、草に夢中になっているスーコを置いて、群れに近づこうとした。一歩踏み出した瞬間、ロバたちは突然一列になって走り出し、たちまち遠くに行ってしまった。

私は唖然《あぜん》としたまま、その光景を眺めていた。私が見てきたロバは、いつもしょんぼりした顔で黙々と働いていた。しかし、本来はこんなふうに自由に駆け回る動物なのかもしれない……。

あのロバたちは何だったのだろう。少し歩いたところでスーコの荷を下ろし、麦を食べさせながら考えた。

そこに、向こうから青年がニコニコしながら歩いてきて、英語で話しかけてきた。

「サハラにようこそ。きみは日本人だろう？」

青年は名をハセインといい、この先のホテルで働いているのだと言った。何もないところから現れたので私は身構えたが、彼の話によれば、マカダムから私のことを聞いて様子を見に来たのだという。マカダムはこの無人地帯にあっても、一日に数回、代わる代わるバイクでやって来ては私たちの様子を見に来ていた。

ハセインは、今夜はうちに泊まっていってほしい、金は要らないからと言った。

「オヤジが、日本人カップルからきみの話を聞いたんだ。ぼくはオヤジに言われて、きみを迎えに来たのさ」

私には心当たりがなく、何の話だかさっぱり分からない。

「僕もよく知らないんだけどね」とハセインは言った。「あとでオヤジに訊いてみるから、とにかく今夜はうちに泊まってよ」

ハセインのホテルは一キロほど歩いた先の、小さな砂丘の麓にあった。ウジナ砂丘というそうで、麓に点在する七軒の宿のうち二番目の老舗で、最も西側に位置しているのだという。

部屋に案内されて驚いた。土壁の外観からは想像できないほど立派だったからだ。明るい中庭に面した部屋は広々としていて、ホットシャワーと、二四時間使える電気があった。

ハセインの父親はマラケシュでツアー会社を経営しているビジネスマンだった。その時ホテルにはいなかったが、ビデオ電話で話をしたことでようやく事情を呑み込めた。

どうやら私は見知らぬフォロワーのおかげで、このホテルに招待されたらしい。

つい最近、私をフォローしている日本人夫婦が砂漠ツアーに参加し、ロバと旅している日本人がいると教えたところ、ハセイン父は面白がり、私を招待するよう息子に伝えてくれていたのだ。

この近くの村で生まれ育ったハセインは、笑顔を絶やさない好青年だった。私の旅を「良い経験だ」と言い、スーコのことを「ハッピードンキー」と呼ぶ。夕食にチーズのタジンをつくってくれた。茄子にヤギのチーズを載せてタジン鍋で煮込んだ料理は、ハセインによればフランス人ツーリストに「モロッコ旅行のハイライト」と言わしめたという言葉通り、絶品だった。

私はハセインに、あのロバたちのことを訊ねた。あれは野生のロバだったのだろうか。

「この地域には、野生のロバが五〇〇〇頭もいるんだ」とハセインは言った。

遊牧民が手放したロバが、少しずつ数を増やしていったのだという。

「水はどうしているの？」

「井戸水を飲んでいるのさ。遊牧民が家畜のために水をためている場所がいくつかある」

私はハセインの話を聞いて、自由を勝ち取ったロバの物語を想像した。ある日、遊牧民に捨てられたロバが、広大な砂漠をさまよい歩きながら仲間と出会い、少しずつ家族を増やしていった。大地に縛られず、一カ所にとどめおかれていない自由を、あのロバたちは謳歌しているように見えた。だが、それが幸せなことかどうかは私には分からない。過酷な砂漠の環境で、ロバたちがあの白骨化したラクダのような運命をたどらないとも限らないからだ。

翌朝、ダブルベッドで気持ちよく目覚めた私は、ハセインから「今日は予約が入っていないし、もう一泊していきなよ」と強く勧められた。しかし、私は出発することにした。二日連続でタダで泊まらせてもらうのは悪い気がしたのもあるが、こんなに居心地のいい宿に何泊もすると、前に進むのが億劫になってしまうのではないかと不安になったからだった。

朝早く出て昼過ぎにウジナ砂丘の東側に到達すると、道がアスファルトに変わった。辺りの荒涼とした風景は変わらないのに、道がアスファルトになっただけで、六日ぶりに文明世界に戻ってきたような気持ちになった。

沈みゆく太陽が、サハラの大地をだいだい色に染めてゆく。ここでは東から昇った太陽は西へ落ちるまで、いかなるものにもさえぎられず、私たちを照らし続ける。そのとてつもなさを感じながら私は歩き、スーコも大地を一歩ずつ、力強く踏みしめていく。そこに乾いた風が私のほおを撫でた。この空と砂以外に何もない場所で、風はどこから生まれ、どこへ消えていくのだろう。そして、自分はここからどこへ行くのだろう……。

二日後、モロッコを代表する大砂丘、エルグ・シェビが見えてきた。茶色の土漠の中でそこだけオレンジ色に輝き、美しい曲線を描きながら高くうねっていた。

砂漠の道の終点であるメルズーガは、エルグ・シェビの麓にあった。

観光客が行き交う街中まで行くと、私はラクダ飼いにスーコを預けた。この日はハセインの

サハラ砂漠の「入り口」にあったラクダの白骨。スーコは食べられるものがないか探しているのだろうか。

〔上〕サハラ砂漠で見た野生のロバの群れ。こちらが近づこうとした瞬間、一斉に逃げ出した。〔下〕四年前、ミデルトという町でロバを売ってくれた家族。今回はスーコを連れて再会した。

紹介で、その友人のツアー会社が主催する砂漠ツアーに参加することになっていた。

　そのキャンプ地でちょっとした事件が起きた。スペイン人客らに交じっておいしい食事を食べ、キャンプファイヤーを囲んでベルベル人の歌と踊りを楽しんでいる時だった。スタッフの一人に呼び出されると、そこにはジャンダルムリの憲兵がいた。

　憲兵が知りたがったのは、私がなぜアルジェリアとの国境に近いこの場所に来たのか、ということだった。アルジェリアとモロッコは長年、モロッコが領有権を主張する西サハラの対応を巡って険悪な関係にある。そのことは知識として知っていたが、砂漠ツアーはサハラ観光の目玉であり、外国人は私のほかにもたくさんいるのだから、それだけで咎められる理由はない。ないのだが、憲兵からすれば、私はロバと共に国境の近くを歩いている風変わりな外国人であることに違いはなかった。

　私からすれば、ロバと砂漠を歩きたかっただけだ、としか言いようがなかった。メルズーガはたまたま通りがかっただけだ。この砂漠ツアーに参加したのもたまたまだ、と。

　だが、憲兵はそんな説明では納得してくれなかった。イランでもそうだったが、ロバと旅をしている東洋人というのは、当局からすると、かなり異質に映るらしい。国際情勢が絡んでくると、話は一層複雑になる。「なぜロバとこんな辺境を歩いているのか」と面と向かって訊かれたら、相手を納得させるのは思いのほか難しかった。

　この憲兵は私が日本で新聞記者だったことを知っていた。以前の旅で当局とは何度もやり合ってきたので、私の情報は彼らのデータベースに登録されているのだ。憲兵は、私が別の理由でここへ来たのではないかと疑っていた。次第に私たちのやり取りは緊張感を帯びてきた。

「ロバにはワクチンを打っているのか？」

そう訊かれたので、私は素直に打っていない、と答えた。

「それは大きな問題だ」

この憲兵は、きっと私を困らせたいだけだ。この国でロバに狂犬病ワクチンを打たなければならないなんて聞いたことがない。続けて彼はこんなことを訊いてきた。

「フェイスブックをやっているか？」

私がＳＮＳに政治的な投稿をしていないか確認したいのだろうか。やっていない、とうそをついてもよかったが、私はいいことを思いついて、素直にアカウントを見せた。

すると、憲兵が声を出して笑いだした。

私のプロフィール画像がロバで、投稿しているのもロバの写真ばかりだったからだ。あえてアカウントを教えたのは、私がただのロバ好きであることを分かってもらえると思ってのことだった。

そこから急に和やかな雰囲気になった。質問攻めにしたことを詫び、改めて私を歓迎すると言ってくれた。ただ、一度口にしたワクチンの話は引っ込めず、この件に関しては上司と相談して後日、対応を通知すると言い残して去っていった。

翌朝メルズーガに戻った私は、エルグ・シェビのほとりにあるキャンプ場に移った。スーコをヤシの木につなぎ、私は毎日、街で買ってきたアルファルファや麦わらをせっせと運んでやった。スーコは腹がふくれると、砂の上にごろんと横になり、気持ちよさそうにうとうとする。スーコの一挙一動を眺めるだけでも、時間はあっという間に過ぎていった。

キャンプ場には五日間滞在したが、その間にジャンダルムリがやって来ることはなかった。オーナーによれば、ジャンダルムリからは、私が出発する時に報告するよう求められているらしい。私の動向を把握しておきたいのだろうが、それはつまり、私は旅を続けられるということでもあった。

悩みの種

メルズーガから先は二通りのルートが考えられた。東に進めばしばらく砂漠が続き、北に進路を取れば、再びアトラス山脈を越えその先には地中海が見えてくる。

どちらにしようか迷ったが、私は北ルートを取ることにした。山育ちのスーコは、海を一度も見たことがない。広い海を見せてやりたいと思った。

朝起き、パンを食べるとすぐに歩き始め、夜になれば野宿する。陽が昇ってくるとスーコが立ち上がり、勢いよく放尿してその辺の草を食べ始める。その一連の音がテント越しに聞こえてきて、また一日が始まったか、と思う。そんな日々を五日ほど繰り返すうちに、石と砂だらけだったところから、谷間にナツメヤシを茂らせているアトラス山脈に再び入っていった。

スーコとの旅は順調だったが、一方で私は悩みを抱えていた。

メルズーガを発って以来、私の後ろには、バイクに乗ったマカダムが常にいる。村長ともいえるマカダムは、村に入ると次のマカダムにバトンタッチし、夜は私がテントを設営するのを見届けてから家に帰っていく。

アトラス山脈でもマカダムは毎日のように現れたが、ここまで付きっ切りではなかった。メルズーガでひと悶着あったために、当局によって完全にマークされたのかもしれない。

マカダムは時に職務を超えたコミュニケーションを試みてくることもあった。

私は毎日、タジン鍋を使って野菜蒸しやアヒージョをつくっている。とんがり帽子のような形をした土鍋で、水を使わず、野菜の水分だけで調理できるタジン鍋はモロッコの伝統料理だ。マカダムは、外国人の私がタジン鍋を使っているのが気になるらしく、調理過程をしげしげと眺め、野菜のむき方や並べ方まで指摘してくる人もいた。そういう時は、マカダムは暇なのだろうかと笑いがこみ上げてくることもあった。

笑えたどころか驚いたのは、まったく何もない荒野にテントを張った時のことだ。その日だけは日が暮れても村までだいぶ距離があったため、どうしても荒野で一夜を過ごさねばならなかった。

マカダムは、ここには野犬がいる、トラックを手配するから次の村まで行こうと提案してきた。そこまでしてほしくなかった私は、今夜はここにテントを張ると言い張った。するとジャンダルムリの車両がやって来て、マカダムと一緒に一晩中私のテントのそばにいたのだ！

私の彼らへの思いは複雑だった。私の安全を守ろうとしてくれていることには感謝しているが、私自身はひとりで歩きたいと思っている。こんな個人的な旅にマカダムやジャンダルムリの手を煩わせるのが申し訳ないという気持ちもあった。

それに正直に言えば、やはり監視されているという感じがして居心地がわるい。静かな田舎道なのに、後ろからはいつもマカダムのバイクの音が聞こえてくるので、気になって歩くことに集中できないなど、いろいろ不満もあった。

ある日、私はとうとうマカダムに注文をつけることにした。

「後ろにぴったり付かず、もっと距離をとってほしい」

本当はひとりにしてくれと言いたいが、私のことを守ろうとしてくれている人にそれを言うのはためらわれたので、それ以上は言えなかった。私の視界に入ってこなければ、彼らを気にすることなく歩くことができる。すると、そのマカダムは、こちらが恐縮してしまうほど申し訳なさそうに、分かった、気を付けると言ったのだ。

その瞬間、私は「しまった」と思い、自己嫌悪の念がじわじわと押し寄せてきた。郷に入れば郷に従えという言葉がある。なのに今の私は、自分本位の行動をとりすぎてしまっているのではないか。

そうした思いは、アトラス山脈を歩き始めた時にも抱いたことがあった。

ある日、村のはずれでテントを張ろうと思い、一番近くの民家に挨拶しに行った。その家の子どもたちは、私が近づいてくると慌てて奥に引っ込み、姉らしき女性が勢いよくドアを閉めた。私が唖然としていると、五〇歳くらいの母親が鉄棒を持って飛び出してきたので、今度は私が逃げる番だった。母親は私を見て苦笑いしていたから、本気でやっつけようと思ったわけではなさそうだったが、その時は家に女性しかおらず、どうやら突然の来訪で驚かせてしまったらしい。

突然、ロバを連れた異邦人がやって来たら、誰でも驚くに決まっている。私は長く旅を続けるうちに、そんな当たり前のことすら気付かなくなってしまっていたのだ。

あとで息子たちがやって来て、部屋を貸してくれた上に、食事まで用意してくれたが、この時に感じた自己嫌悪の気持ちを、今回のマカダムの一件で再び味わうことになった。

いったい、私は何のために旅をしているのだろう。もとより、人の役に立つとか、意味があるとか、そういったものから距離を置きたいと思っているのに、いざ土地の人と対峙すると、そんな思いはすぐに揺らいでしまう。しまいには目的もなくロバとほっつき歩いている自分のことが恥ずかしくなってきた。

私のロバと歩きたいという感覚は、ただの自己満足にすぎない。私の注文にマカダムが戸惑う姿を見て、そんな思いをこれまで以上にいっそう強くした。

自己満足といえば、私が旅の様子をツイッターでつぶやく行為にもいえた。

ツイッターを始めたのは、もともとは安否確認が一番の理由だった。だがモロッコに入ってからは三万人を超えるフォロワーが、私たちの旅を見守るようになっていた。

スーコが草を食べている写真を投稿するだけで、たくさんの「いいね」がつく。あるいは、「荷物を運ばせるのはかわいそう」などと批判的なコメントが寄せられることもある。

ある日、そんな状況に懸念を抱いたらしい日本の友人から、「ロバ連れという時代錯誤な旅をしているのに、ツイッターで逐一発信するのはいかがなものか」と疑問を呈された。きみの求めていた旅からかけ離れていっていないかと、その友人は言いたかったらしい。

たしかに、私は何も背負うことなくただの一人の旅人として、誰の評価とも関係のない所にいたいと思っている。しかしいま、ツイッターをやることで私は明らかに人の目を意識するようになってしまった。せっかく地球の裏側まで行っているのにそんなことでどうすると、私は自分に突っ込みを入れたくなる。

ただ、そんな私の思いとは裏腹に、読み手は別の捉え方をしているようだった。自分とは遠い世界で、日本人がロバと歩いている。それをあたかもリアルタイムで眺めているような感覚が良いというのだ。人は、自分とは別に流れる時間や世界を持っておきたいのかもしれない。

では私自身はなぜ、自分の旅をつぶやいているのだろう。そんなことを考えていると、『深夜特急』の沢木耕太郎さんも旅の間、膨大な数の手紙を出していたと語っていたことを思い出した。

> その時の私は、たぶん誰かに話しかけたかったのだろうと思う。日記のような、自分自身と対話するような形式の文章ではなく、直接的に語りかける要素のある文章が書きたかった。
>
> 日々の体験を伝えたくて書いていたということもある。しかし、それだけでなく、単に誰かに語りかけることで、内に向かおうとする精神の、そのバランスを必死に取ろうとしていたということもあるような気がするのだ。
>
> （沢木耕太郎著『旅する力』新潮文庫）

この文章を読むと、『深夜特急』のころの手紙の役割を、現代のＳＮＳが果たしているのではないかという気がしてくる。一人旅をしていると、誰かに語りかけたくなる。たとえ一方的でも、自分だけでは消化しきれないことを吐き出すことによって、私の心は軽くなったように思う。

そう考えると、旅人がＳＮＳを使うなんて恥ずかしいという私の思い込みがばかばかしいものに思えてきた。語りかけたいなら、語りかければいいのだ。
スーコよ、たくさんの人たちがお前のことを見ているぞ。
私はそう話しかけてみたが、スーコは我関せずといった顔で、ただ草をはむばかりだった。

ヤシの木が生い茂る渓谷を過ぎると、これまで散々見てきたような不毛な土地がえんえんと続いた。車がすぐ横を通り抜けていくので、私たちは車道から一〇メートルほど距離をとって歩いた。スーコがふと立ち止まり、つぶつぶの葉っぱをつけた植物を口にした。その植物はこの辺りでよく見かけるものだったが、これまでスーコは決して食べようとしなかった。未知の食べ物にはきわめて慎重な態度をとるスーコの心境に、何か変化が生じたのだろうか。それ以降、スーコはたびたびその植物を口にするようになった。ささいなことだが、そうした発見が私を楽しくさせた。

アトラス山脈を再び越え、なだらかな丘が続く穀倉地帯を抜け、緑深いリフ山地に入った時には一二月になっていた。スーコと歩いた距離は一三〇〇キロを超えていた。

モロッコを歩いてみて分かったのは、この国は、どこにでもロバがいるということだった。以前から分かっていたことだが、改めて意識してみると、ロバは至る所で働いていた。

メルズーガにいた時、ラクダ飼いと、一緒に旅をするならラクダとロバのどちらがいいだろうかと議論したことがある。その時は、やっぱりロバだという結論に落ち着いた。どちらも持久力に優れるが、ラクダは人の言うことをきかず、噛みついてくるやつがいる。一方、ロバは従順で、飼い主の指示に忠実に従い、いいやつばかりだとラクダ飼いが言っていた。

ただ、それは人間側にとって都合がよすぎる見方かもしれない。

モロッコ中部の大都市フェズには、アメリカの篤志《とくし》家によって建てられたロバ専門の動物病院が存在する。私が見学に訪れた時、モロッコ人の女性獣医師は足を怪我したロバを治療しながら、「この国ではロバがぞんざいに扱われている」と言っていた。

ロバが怪我や病気になっても治療せずに働かせ続け、重大な事態に発展してしまうケースがままあるのだ。スタッフたちの頭を悩ませているのは、ロバを治療したからといって、飼い主が考えを改めるわけではないということだった。特にフェズのような都市部では、ロバを仕事に使っている人は貧しいことが多く、ロバをケアする余裕はないのだと嘆いていた。

その話を聞いた時、以前泊まった小さな宿のことが思い出された。その宿の主人はロバを一頭飼っていたが、三日前に逃げられたのだという。ロバをつないでいた畑には、足をくくっていたロープがそのまま残されていた。

「なぜ逃げたのですか？」

「もともとここのロバじゃないからさ」

そのロバは、ここから少し離れた山の遊牧民から買ったそうで、主人は「元の場所に帰ったんじゃないかな」と言う。遊牧民はロバを複数飼っているから、畑で一頭だけで過ごすより、仲間の元に戻りたかったのかもしれない。人間に忠実なロバも、自分が置かれている環境が気に入らなければ逃げ出してしまうことがある。

　安くはないロバを失ったというのに、この主人には悲壮感はなく、淡々としているように見えた。聞けば名前も付けていなかったという。なぜか、と私が訊くと、主人は「だって名前を呼んでもロバは来ないだろう」と言った。たしかに実利面を考えれば、ロバに名前を付ける必要はない。

　宿の主人が、ロバに逃げられたのに悲しみを感じていないのはいろいろな理由があるのだろうが、しかし、名前がなかったことは一つの理由であるように思えた。愛着というものは、名前がなければ生まれない。

「畑にある麦わらは好きなだけ持っていっていいよ。ロバはもうここに戻らないからね」

　主人がそう言ってくれたので、私はその言葉通りに麦わらをスーコに好きなだけ食べさせた。大量の麦わらを前にすると、スーコはいささか食傷気味になり、私がその場を離れると大声で鳴き叫び、のどが渇いたことを訴えるのだった。

感謝の気持ち

　モロッコ北部のリフ山地に入ってからは、毎日のように雨に降られた。国内で最も降水量が多い地域である。青々とした農地が広がり、緑がまぶしく感じられた。スーコは、替えたばかりの蹄鉄をカツ、カツと響かせながら歩いては道草を食い、また少し歩いては道草を食う、という感じで、私たちはずいぶんのんびりと歩を進めていった。

ある朝、テントから顔を出すと、スーコが雨の中、体を縮こまらせて寒さをしのいでいた。かわいそうだと思うが、雨をよける場所はない。

スーコは「どうする？」とでも問いかけるように、ただ静かに私の様子をうかがっている。しばらくテントの中で本を読んでいたが、雨はやみそうになかった。行く当てがあるわけではないが、このまま同じ場所にいても仕方がない。意を決してテントを片付け、いつものように、両手で麦を三杯すくい、洗面器に入れてスーコに食べさせた。

地面のぬかるみに苦労しながら歩き続け、集落を一つ過ぎた時、ふとスーコを見ると、雨粒が目に入ったようで目をしばたたかせている。それでも足を緩めることなく、何食わぬ顔で歩いている姿を見ていると、頼もしいな、という気持ちになった。

瀬戸内海の小豆島でヤギと暮らすイラストレーターの内澤旬子さんは、愛ヤギ「カヨ」の乳搾りから考えたことを次のように書いている。

> 私たちが一方的に操り、支配し、利用するのではなくて、家畜たちが、許してくれるからこそ、乳を搾ったり、背に乗って走らせたりできるのだ。私たちは、動物に許されて、

譲られて、勝手をしている。「使役」なんておこがましい。

（内澤旬子著『カヨと私』本の雑誌社）

今なら、内澤さんが言わんとしていることがストンと理解できる。雨に降られても、文句を言わず、前を見て歩くスーコ。私はスーコに許されて旅をさせてもらっている。

そうした思いは、ソロツベと歩いている時にも感じたが、この時にははっきりと、スーコに対して感謝の気持ちが湧いてきた。

リフ山地の北麓の都市シャウエンに着いた日も、雨が降っていた。

高台にある公営キャンプ場に行くと、真冬の一二月にキャンプしている人間はほとんどいなかったが、冬の凍えるヨーロッパから逃げてきたキャンピングカーでにぎわっていた。スーコと泊まれるだろうかという私の心配とは裏腹に、キャンプ場のスタッフは「ロバと来たのはきみが初めてだ」と歓迎してくれ、本来は一〇ディラハム（一二〇円）かかるホットシャワーを無料にしてくれた。

シャウエンはこの旅の最後の休息地だった。ここまでくれば、地中海まで三日あれば着く。スーコに海を見せた後はいつ旅を終えてもいい。

「青い街」として有名なシャウエンにはレストランや商店などがひと通りそろい、旅の疲れを癒すのに格好の町だった。だが、当初は数日滞在すれば十分と考えていたのに、雨が思いのほか長引いたため、私の滞在はずるずると延びていった。雨はなんと一一日間も降り続いた。テントサイトには当初、私のほかにアイルランド人の若者がひとりいたが、テントが浸水したといってホテルに移ったので、私はひとりになってしまった。

ただ、その雨は、私にとっては必ずしも悪いものではなかった。雨を理由にして滞在を長引かせた分、スーコと過ごす時間も長くなったからだ。

スーコはテントサイトと地続きの松林の中につないでいた。ありがたいことに、広大なキャンプ場の三分の一は人が立ち入らない松林になっており、みずみずしい草が生い茂っていた。スーコはあっという間に、動ける範囲の草は食べ尽くしてしまうので、私はしょっちゅう杭を打ち直し、新しい草を食べられるようにしてやった。たまに町に買い物に行き、キャンプ場に戻ってくると、スーコはまっすぐに私に視線を送り、新しい草が食べられるようになるのを今か今かと待ち構えていた。

草をはむスーコを眺めているだけで幸せだった。私がそばにいてもスーコはまったく気にすることなく、次々と食いちぎっていく。同じ空間と時間を共有しているという感覚が私を満ち足りた気持ちにさせるのだ。スーコの鼻からは草花の甘い匂いがした。私からすれば、どの草がそんな匂いを発しているのか分からないが、スーコには一目瞭然、いや一鼻瞭然なのだろう。

私のスーコへの想いはこの時、病的なレベルにまで達していたのかもしれない。しまいにはスーコのふんまで愛おしく思えてきた。麦や草の繊維が詰まった中身が、チョコレートのような外皮で包み込まれている。熟練の職人が生み出したような草餅みたいな趣があった。雨にしっとり濡れた草餅を見るたびに、どうやったらこんなに美しいものを生み出せるのだろうと不思議な思いに駆られた。

シャウエンに来て一二日目、今までの雨続きがうそだったかのような、雲ひとつない紺色の青空が広がった。雨が降っている間は日中でも肌寒かったが、久しぶりに浴びる陽ざしが、肌に染み入るように温かい。

幸せとは、こういうことをいうのか。こういう旅をしていると、人間の幸せというものが単純で小さなことであることをいつも思い知らされる。

しかし、雨が降り続いている間は早く出発したいと思っていたのに、スーコとの別れが近いことを思うと、ここを離れるのが急に億劫になってしまった。

だから、もし中華料理店に行かなければ、そのままシャウエンで年を越すことになっていたかもしれない。

その中華料理店は、町に買い出しに行く時に必ず前を通るので、ずっと気になっていた。入り口にたくさんの赤い提灯が並び、円卓が置かれた店内はいつも中国人観光客でにぎわっていた。

その日は午後遅い時間に行くことで、ようやく席に座ることができた。ところが、いざ麻婆

地中海への道。二頭の子ロバが、まるでスーコを母親のように慕って、後ろをついていく。

豆腐と炒飯を頼んでみると、値段が高いわりに味はいまいちで期待外れだった。

店を出た時、シャウエンはもう十分、という気持ちになった。

もしかしたら、私はきっかけを探していたのかもしれない。

旅に出る時は憂鬱な気持ちを抑えて「えいや」と思って飛行機に乗った。それに比べて旅を終える時は踏ん切りがつかず、あれこれきっかけを探しているのが不思議だった。

シャウエンを発って三日後、地中海が目に飛び込んできた。波は穏やかで、絵具を流し込んだような深い青色をたたえていた。

「おい、海だぞ」

〔上〕雨に打たれて目をしばたたかせている。〔下〕柔らかい砂地を踏んだ途端、力が抜けたのか座り込み、うっとりした表情で砂浴びを始めた。

私がそう言って足を止めると、スーコは目線を下に向けて草を食べ始めた。山育ちのスーコにとっては海は初めてに違いないのに、その目には草しか見えていないらしい。

海を見下ろしながら、入り組んだ海岸線を歩いていく。一二月下旬だというのに、白い家々は初夏のような明るい陽ざしを浴び、カモメが海にぷかぷか浮いていた。

スーコに海を間近に見てもらおうと、浜辺に続く小道を下りていった。

この時、四年前に旅をしたロバのことが頭に浮かんだ。あの時は大西洋だったが、同じように山育ちだったあのロバは、波に驚いて尻餅をつき、私を笑わせたものだった。

スーコはあのロバより警戒心が強いと見え、波打ち際の前でピタッと止まった。手綱を引いても怖がってびくともしない。耳を後ろに寝かせて、打ち寄せる波をじっと見つめている。しばらく一緒に波を眺め、暗くなる前に浜辺にテントを張った。昨日からマカダムの姿を見ていないので、私はこのところ自由を謳歌していた。

あたりが暗闇に包まれたころ、ライフルを持った三人組がやって来た。その時は血の気が引いたが、三人は軍人だった。スペインにボートで密入国しようとするモロッコ人を取り締まるためにパトロールしているということだった。

浜辺での野宿は禁止されていると言われてしまい、スーコの荷物を積み直して、漁村にとぼとぼ戻った。通りがかりの少年たちが私のことを心配して空き地に案内してくれ、打ち捨てられたボートの甲板にテントを張り直した。

木につないでおいたスーコははじめおとなしく寝ていたが、やがて木の枝を食べ始めた。静まり返った一帯に、ぱきぱきと枝を折る音が断続的に響く。そのせいで人を引き寄せはしないかと心配になった。だが次第にククク、と笑いたくなる気持ちがこみ上げてきた。スーコが闇の中、楽しそうに口を動かしている顔が頭に浮かんできたからだ。

一緒に歩き始めたばかりのころのスーコは表情が乏しく、休憩している時も草を食べずにじっとたたずんでいたので、なんておとなしいロバだろうと思った。真夜中になると旅に連れ出されたことを嘆き悲しんでいるかのような痛切な叫び声を上げ、私の心をざわつかせたこともある。

ところが、今では夜通し食いっぱなしだ。たぶん、その木の枝は今日初めて口にしたのだろうが、食べ始めたら止まらなくなってしまったのだろう。不安に駆られていたであろうスーコが日に日に旅の生活に慣れ、今ではすっかりリラックスして毎日を過ごすようになっている。私にはそれがうれしかった。

別れ

もう旅をいつ終えてもいい。ツイッターでそうつぶやくと、「スーコが見られなくなるのがさびしい」という声がいくつも寄せられた。スーコと一緒に日本に帰ってきてほしいと言ってくる人も一人や二人ではなかった。

私も本音を言えば、スーコともっと一緒にいたいと思っていた。名前を呼んでも反応せずに草をはんでいるだけ、絶景を前にしても草をはんでいるだけ。別に何かをしてくれるわけではないが、だからこそいつも安心していられる。友であり、恋人のようでもある。

スーコを日本に持ち帰ることを検討したこともある。しかし、検疫手続きや輸送費を調べると現実的でないことが分かった。やがて、あれこれ調べているうちに、私はなぜスーコに執着しているのか不思議な気持ちにもなってきた。

ロバを手放したくないという思いは、よく言えば愛着かもしれないが、それは執着であり束縛でもある。私はそういうものから自由でありたいと思っていた。私はロバに執着したくないし、ロバもまた私に執着しているとは思えない。

ロバとの旅を通じて考えさせられたのは、別れ際のあるべき態度だった。ソロツベやスーコもそうだったが、突然飼い主が変わっても、ロバはおとなしくついていく。時に逃げ出すこともあるかもしれないが、次の飼い主がここから南アフリカまで歩いて行こうとするなら、とりあえずはついていくだろう。私の目には、その態度が実に潔いものとして映っていた。

スーコはもともと人間の元で生きてきたのだから、これからも人と共にあるのが良い。モロッコで働くロバを見てきて、そうした思いはより強固になっていった。働くロバは尊い。ロバと共に生きる人間の姿は美しい。その尊く美しい風景がいつまでも残っていてほしい。

ただ、誰に引き取ってもらったらいいのだろうか。トルコなら各地にロバミルクを生産する牧場があり、そこに連絡すればよかったが、モロッコにはそのような施設は存在しない。ロバの需要があるのは間違いないが、新しい飼い主は自分の足で見つける必要があった。

行く先々で出会う人たちに、ロバがほしいかと訊いて回るのも手だが、ずいぶんと手間がかかるし、何よりむやみやたらと声をかけるのは節操がないように思えた。

そこで、ここから一〇〇キロ圏内で宿がありそうな村を探した。田舎ならロバが現役で活躍しているだろう。宿があれば、そこを拠点に新しい飼い主を探すこともできる。宿のスタッフもきっと協力してくれるはずだ。

そうやって行き着いたのが、海岸線から一五キロほど内陸に入ったアイン・ザルカという山村だった。山の斜面に白い家が寄り添うように立ち並び、その下を流れる渓流の周りには、緑まぶしい牧草地が広がっていた。川の水を引き込んだ天然のプールが見どころになっていて、近郊の都市テトゥアンの避暑地として家族経営の小さな宿が数軒建っていた。

宿の主人はロバ連れの私を見ても驚かず、「入れ入れ」と歓迎してくれた。門をくぐるとテントを張れるスペースがあり、スーコは芝生が生えた庭につながせてもらえることになった。

私はさっそく、宿の主人にスーコの引き取り手を探しているのだが、と相談した。

「知り合いに訊いてみよう」と主人は言った。「でも、いくらで売りたいんだ？」

スーコを大切にしてくれる人ならタダであげてもいいが、値段をつけた方が、本当に必要な人が現れるだろうと思い、二〇〇ディラハムに設定した。ただ、誰でもいいわけではない。人柄がよく、重労働させないことが条件だと付け加えた。主人は「その値段ならすぐに見つかると思う」と言った。

その言葉通り、その日のうちにスーコを引き取りたいという人が見つかり、夕方、宿に見学にやって来た。

その人物は、なんと隣村のマカダムだった。近くに住む息子や親戚との間で物資を運搬するために、年老いたラバに代わるロバが欲しいということだった。

私がどんなふうにスーコを使うつもりなのかしつこく訊くので、マカダムは「たまに物を運ばせるだけで重労働はさせない。いつもは畑に放しておく」と言って私を安心させてくれた。

私としても、マカダムなら安心だ。これまでマカダムには散々お世話になってきたから、恩返しにもなる。マカダムは七〇歳を超えていると見え、高齢なことが唯一心配だったが、あとで宿の主人から聞いた話では、マカダムには子どもがたくさんいるので、もし亡くなっても息子たちがスーコを引き取るだろうということだった。

翌日はスーコと過ごす最後の一日になった。私はスーコと一緒に五キロほど歩き、マカダムが住んでいる村を見学しに行った。山と緑に囲まれた美しい村で、どこからでもテトゥアンの白い街並みが見えた。

思えばテトゥアンは、私がモロッコで初めて訪れた町だった。夜になると無数の露店が軒をつらね、山盛りのミカンがとんでもなく安い値段で売られていて、モロッコはなんて豊かな国なのだろうと引き込まれた。そのテトゥアンが見渡せる場所で旅を終えるのも悪くない。湧水が豊富なこの村の草は青々としていて、スーコは食べるのに夢中になっていた。

その翌朝、マカダムが小学生くらいの孫息子を連れて宿にやって来た。

「大切に世話してください」

私が念を押すと、敬虔深そうなこの老人は、天を指差して「アッラーが見守ってくださるじゃろう」と言った。孫がスーコの手綱を引いた。この旅を始めた時と同じように、スーコは振り向くこともなく新しい飼い主におとなしく従い、私から離れていった。

おわりに

学生のころ、ヒッチハイクばかりしていた。

「今どき、乗せてくれるの？」とよく訊かれるが、むしろ一〇分以内に拾ってもらえることが多かった。とりわけ私は童顔で、いつも心細そうな顔で立っているらしく、ドライバーからは「かわいそうだったから」とよく言われた。

乗せてくれるのは、営業マンや家族連れ、農家、お年寄りなど、さまざまだ。一宿一飯の恩義に与《あずか》ったことは数知れない。「今日は暇だから」と何の用もないのに青森から栃木まで走ってくれたり、ウニ漁に連れていってくれたり、一万円札をくれた人までいた。

もともとは交通費を浮かせるために始めたことだった。しかし、次第に人との出会いに面白さを感じ、のめり込んだ。小さなバックパックを背負い、週末のたびに、長期休みには北海道から沖縄まで、目的地も決めずに旅をした。

彼らはさまざまなことを語ってくれた。家族のこと、仕事のこと、土地のこと。行きずりの私に、語りたがっているようにも感じられた。

その中で、今でも連絡を取り合っている人は一人もいない。お礼の手紙を出すことはあっても、当時ＳＮＳをまったくやっていなかった私は、彼らとつながる手段がなかった。

彼らもつながりは求めてこなかった。ただ車の席が空いていて、私と同じ方向に行くから乗せてくれただけのこと。道中楽しくおしゃべりし、車から降りたら、ありがとうございましたと頭を下げ、私はまた路上に立った。

だからだろうか、旅は出会いと別れの繰り返しなのだと自然と理解するようになった。あのころの体験が、私の旅の仕方だけでなく、生きていくスタンスのようなものを決めたのだと、今になって思う。

そんな私が、今回、旅のためにツイッターを始めた。今さらなぜそんなことをしたのか。きっと、私もあのドライバーたちのように何かを語りたかったのだと思う。

はじめは、ロバとの日々を淡々とつぶやくだけの一方的なものだった。徒歩旅行は一日の大半をただ歩いているだけなので、目の前の出来事や、その時に感じたことを短文で投稿するツイッターとの相性が良い。ところが、何カ月かたつと、私の想像を超えてたくさんの人たちが私たちの旅を見守るようになっていた。

コメントが増えるに従って、少しずつ彼らを意識するようになった。そんな中、スーコと別れる時に寄せられた「さびしい」「日本に連れ帰ってほしい」という言葉。別れた後も、折に触れて「スーコは今も元気でしょうか」などと言われたこと。彼らが私のつぶやきに寄り添うように反応してくれるのはありがたいことだが、一方で、なぜそんなことを言うのだろうと不思議にも思っていた。

旅に限らず、人生は出会いと別れの繰り返しだ。私たちはそんな当たり前のことを忘れがちになっているのかもしれない。別れたくない人とはSNSでいつまでも繋がっていられる現代において、人々は別れ下手になってはいないだろうか。

私が思い描いていたロバとの別れは、まさにヒッチハイクの時のようなものだった。

人生のある日、ただすれ違っただけの人とロバ。

とはいえ、こうした考え方は独りよがりではないか、という思いもなかったわけではない。

ロバとの時間を重ねるにつれ、私を飼い主だと認めてくれていると思える瞬間が何度かあった。

ロバの方は私と別れがたく思っているのではないか。別れた後、さびしがるのではないか……。思い上がりかもしれないが、そんな思いもたしかにあった。

今では、そんなことはないとはっきり言える。

二〇二三年一月に日本に帰国した後、アイン・ザルカの宿の主人を通じて、スーコの写真が一枚、私の元に送られてきた。その写真を見た時、私は心の底から笑ってしまった。牧草地で草をはむスーコの腹がぱんぱんに膨れていたからだ。毎日あんなに歩いていたのに急に運動しなくなり、草ばかり食べていたから、急激に肥えたのだろう。

スーコの顔は満足感に満ちていた。

スーコは自分の写真が大勢の人間にシェアされたという自覚のないまま、モロッコのロバの一頭としてこれからを生きていくのだと思う。

最後になるが、この作品を完成させるにあたって協力してくれた方たちに、この場を借りてお礼を申し上げたい。

河出書房新社編集部の高野麻結子さんからは執筆中、いつも的確なコメントをいただいた。高野さんの温かい励ましがあって最後まで書き上げることができた。

学生時代からの友人である大滝雅史さん、下郷沙季さん、山内太郎さんは、旅の間や執筆中にさまざまな助言を与えてくれた。

装幀などを担当してくれたデザイナーの大倉真一郎さん、この本を書くきっかけを作ってくれた飯田大輔さん。そして、旅先で出会い、なんの見返りも期待することなく手助けしてくれたすべての人たちに心からの感謝を捧げます。

高田晃太郎

二〇二三年五月

＊本文の人名についてはプライバシーなどを配慮し、一部仮名としています。

高田晃太郎（たかだ・こうたろう）

1989年京都府生まれ。北海道大学文学部卒業。北海道新聞、十勝毎日新聞の記者を経て、スペイン巡礼で歩く旅の自由さに触れる。モロッコの遊牧民にロバの扱い方を教わった後、イラン、トルコ、モロッコでロバと旅する。「太郎丸」名義でその様子をツイッターに投稿し一躍話題に。

地図制作　小野寺美恵

ロバのスーコと旅をする

2023年 7月30日　初版発行
2023年12月30日　5刷発行

著　者　高田晃太郎
装　幀　大倉真一郎
発行者　小野寺優
発行所　株式会社河出書房新社
〒151-0051
東京都渋谷区千駄ヶ谷2-32-2
電話 03-3404-1201（営業）
03-3404-8611（編集）
https://www.kawade.co.jp/

組　版　株式会社キャップス
印　刷　図書印刷株式会社
製　本　図書印刷株式会社

Printed in Japan　ISBN978-4-309-03120-0
落丁本・乱丁本はお取り替えいたします。

河出書房新社の本

動物たちが教えてくれた「良い生き物」になる方法
サイ・モンゴメリー 著　古草秀子 訳
世界各地を旅行した動物学者の著者が、ともに過ごした野生の動物たち13匹との特別な思い出と学び取ったかけがえのない真実を打ち明ける。人間が自然の中で良い存在になるための大切な話。

〈レンタルなんもしない人〉というサービスをはじめます。
スペックゼロでお金と仕事と人間関係をめぐって考えたこと
レンタルなんもしない人 著
「“なんもしない”人にも、存在価値はあるのか？」その可能性を独自すぎる手法で追求し、かくも不思議なサービスが始まった。引越しの見送り、離婚届提出の同行、片付けの見守り、独白の聴き手……壮大な社会実験の行方を綴る。

うつくしい道をしずかに歩く
真木悠介 小品集
河出書房新社 編
『気流の鳴る音』で知られる思想家・真木悠介の単行本未収録作品を中心に、「旅と心のある道」「詩とコミューン」「解放から交歓へ」をテーマにしたエッセイを集成。解説・今福龍太

音楽は絶望に寄り添う
ショスタコーヴィチはなぜ人の心を救うのか
スティーブン・ジョンソン 著　吉成真由美 訳
スターリン体制下の抵抗と絶望のもと生まれた楽曲が、孤独に沈む人を癒し、回復へ導くのはなぜか？　自身も双極性障害に苦しむ音楽番組プロデューサーが音楽の普遍的な力を鮮やかに描く。